线上社交超级沟通术

林特特 著

四川文艺出版社

图书在版编目（CIP）数据

线上社交超级沟通术 / 林特特著 . — 成都 : 四川文艺
出版社 , 2021.4
ISBN 978-7-5411-5925-1

Ⅰ . ①线… Ⅱ . ①林… Ⅲ . ①社会交往—通俗读物
Ⅳ . ① C912.3-49

中国版本图书馆 CIP 数据核字（2021）第 038247 号

XIANSHANG SHEJIAO CHAOJI GOUTONG SHU

线上社交超级沟通术

林特特　著

出 品 人	张庆宁
责任编辑	彭　炜
封面设计	叶　茂
内文设计	史小燕
责任校对	段　敏
责任印制	喻　辉

出版发行　四川文艺出版社（成都市槐树街 2 号）
网　　址　www.scwys.com
电　　话　028-86259287（发行部）　028-86259303（编辑部）
传　　真　028-86259306

邮购地址　成都市槐树街 2 号四川文艺出版社邮购部　610031
排　　版　四川胜翔数码印务设计有限公司
印　　刷　四川五洲彩印有限责任公司
成品尺寸　145mm×210mm　　开　本　32 开
印　　张　7.75　　　　　　　　字　数　170 千
版　　次　2021 年 4 月第一版　　印　次　2021 年 4 月第一次印刷
书　　号　ISBN 978-7-5411-5925-1
定　　价　48.00 元

CONTENTS | 线上社交 超级沟通术 | 目录

5 线上沟通技巧 的具体场景应用

6 线上识人 与离开的礼仪

有效的线上沟通，
是现代社交的名片

你好，我是林特特，欢迎你阅读我的新书
《线上社交超级沟通术》。

我常听到一些人抱怨：

遇见心仪的他/她，却怎么也加不上微信。

想和对方拉近距离，却变成了话题终结者。

我的工作需要加很多人，我举着手机，到处
请人扫一扫，却无人问津。

同事们窃窃私语，领导对我侧目而视，原因
竟是昨晚我随意发的一条朋友圈。

……

这些困扰，发生在你的线上沟通中，成为你工作生活中的社交问题，也许，我的这本书《线上社交超级沟通术》，能够帮到你。

开始之前，我先介绍一下自己。

我是一名作家，出版过多部作品，其中《以自己喜欢的方式过一生》一书畅销过百万册。

我也是一位自我管理及社交管理的研究者。自2013年以来，我先后在百合网、龙湖地产、读者集团、中石化等大型企业做相关管理培训；在全国三十多个城市、十几所高校做过上百场相关主题的讲座，我和线上多家平台合作，曾创下一场六十万用户同时在线学习的高人气。

2018年3月，我在罗辑思维·得到App上，上线了音频课程《如何成为社交高手》，5月出版了畅销书《练达：如何成为社交高手》。

2019年7月，我被天津大学高端教育培训中心聘为高级讲师，为大学生们讲授相关课程。

在多年的社交管理培训中，我发现，网络时代的社交礼仪是人们最为关心的话题，其中如何进行有效的线上沟通，如何通过微信、微博、QQ等线上沟通工具进行个人品牌的塑造，是许多人困惑的点。是啊，为什么有了更便捷的通信工具，沟通的质量和体验有时却下降了？明明缩短了距离，为什么和一些人反而渐行渐远了？

下面我以微信为例，和大家展开聊一聊。

根据腾讯的数据报告，微信用户在2019年已经突破十四亿，也就是几乎全民在线。今天，沟通已经离不开微信，微信相对于以往的沟通工具，有以下四个特性：

即时性、延时性、私密性、公开性。

微信可以一对一聊天，也可以一对多聊天。无论何时何处，只要有网络信号，你都可以发消息。如果对方正好也在线，想回复你，随时随地也都可以。

但因为网络设备等原因，微信注定了有延时性，该等待还是要等待。

同时，一对一的聊天，天然带有私密性，因为这是你们两个人之间的对话。而"分组可见"等朋友圈设置，各种大群小群，也让你发出的各种状态、消息，具备了关起房门说话的可能。

只是，所有网络痕迹，都是证据，可以截图、转发。根据六度空间理论，你根本不知道，世界上某个角落的陌生人，会看见你说过的话、你发过的图，而它们综合起来就是你的形象、口碑。

微信的四个特性容易让人产生幻觉。

在一对一的聊天中，有时，你会忘记网络那端正在和你说话的人与你的实际关系，从而唐突、失敬、失去分寸。

工作微信和生活微信的界限越来越模糊，在群聊天中，误以为发言的只有那么几个人，围观的也就那么几个人，一不小心留下不合适的言语，损失了个人信用。

如今，人们不大可能在现实生活中天天见，但一旦加上微信，就会在网上天天见。

而头像、网名、签名档、朋友圈，是一个人网络形象的资料包，是网络时代个人品牌的一部分。碎片化的消息最能看出一个人的本性，连续观察一个人半年、一年的朋友圈，你是什么样的人，看的人就能有个综合印象。

这些印象，好，会让你不知不觉获利；不好，会让你莫名其妙丢失许多机会。

我的《线上社交超级沟通术》，分四个维度，带给你至少三方面的帮助。

四个维度分别阐释在人际交往的不同阶段，以微信为主要沟通工具的具体方法和技巧。

一、如何破冰？
加上想加的陌生人。

二、如何拉近距离？
与认识但不熟悉的人，从弱联系变成强联系。

三、如何进行强联系的线上沟通？

也就是经营好熟人之间的关系。

四、如何告别？

在线上社交App上，有人主动离开你，你想主动离开一个人，当强联系回归弱联系，什么才叫对的姿态，合适的礼仪。

认识一个人，熟悉一个人，经营好一段关系，以及离开一个人。

我将用实际生活中，我们常用的场景，来为你解说。

比如：行业会上，遇见大佬，我该如何加上他的微信？公司微信群、QQ群里，要怎么说话，才会显得职业化，又得体？面对好友的"在吗？"女神、男神的"在吗？"老板的"在吗？"，都该怎么回应？

我给你的帮助是——

首先，用有效的线上沟通，帮你完成社交目的。

比如，周全地推进某件具体的事，或维护和某人的关系。

其次，教你得体的沟通礼仪。

有个话题"最反感的微信好友"登上了微博热搜，上榜的几个选项，包括长语音，突如其来的语音通话，强行拉别人进群等等。听完我的课，你会恍然大悟，或会心一笑，在之后的沟通中，避免骚扰别人，同时，也主动排除骚扰。

最后， 我会帮你通过线上社交App，建立良好的个人品牌。

微信的创造者张小龙先生有句名言："再小的个体，也有自己的品牌。"

打开你的聊天记录，看看你上次和重要社交目标沟通时都说了些什么？

翻看你的朋友圈，用陌生人的眼光打量你最近半年发的信息，能形成什么综合印象？

个人品牌，绝不是名人才有的，个人品牌，就在每一次及时沟通中，就藏在每一条延时更新的朋友圈里。

以上，是我想告诉你的，关于我的《线上社交超级沟通术》。

相信我，能助你一臂之力，让你在生活、工作中，在线上社交的各个场景中，都能够从容应对各种沟通问题。

下面，请跟我进入正式的内容，我会将最简单有效的线上沟通技巧传递给你。

如何实现陌生人破冰加上你想加的那个人

CHAPTER 1

如何加上高不可攀的人

陌生人社交，最难的是破冰。线上社交以微信为例，从微信社交的角度看，**破冰，就是加上对方的微信。**

如何加上对方的微信呢？很多人头疼，因为大多数时候，我们自己也不愿意被一个不熟悉的、没有任何利益关系的人打扰。

这里，我会带大家分析四个最常见也是最有难度的场景，教给你成功加上对方微信的技巧，这四个场景分别是：**如何加上比你优秀的人，如何加上和你有竞争关系的人，如何加上你暗恋的人，以及如何批量地添加微信。**

首先，我们来看看，如何加上那个比你优秀很多的人。

先说两个我亲身经历的小故事。

第一个小故事。

有一次，我参加了一场非常重要的行业会，中场休息时，我见到一个年轻的参会者，我们称他为A。A堵在大家都要经过的会议室门口，举着手机，手机上是他的微信二维码，他对所有经过的人说："老师，我特别崇拜您，扫我一下，加我的微信吧。"

结果呢？大部分人没理他，少数几位面子薄的，被他堵着，扫了他的二维码，但是明显看得出不情愿。我的一位熟人加了A，可我分明看见，他对A迅速设置了"朋友圈不可见"。

你看，这微信加的成功率不高，而且，加了也等于没加。

第二个小故事，发生在同一个月。

我又参加了一个会议，这一次的会议形式，是几位业内大牛在台上轮着做演讲。

其中一位，谈笑风生，指点江山，个人魅力非凡，等他下台，听众们真是如众星捧月，当他离开会场，他被爱慕者包围。同样也是一位年轻人，我们叫作B。B走到大牛面前，递上名片，他说："老师，您在刚才的演讲中，提到下半年会在全国各行业进行田野调查。我在教育系统工作，我的家人也都在这个系统，可以说从基层到管理层，我都能给您提供这方面的样本，有什么需要，您可以联系我。"

我看见大牛眼前一亮，他接过了B的名片，B将名片翻过来，背面是他的微信二维码。大牛在离开会场前，和B互加了微信。

这一幕，深深烙印在我的心底。

两个年轻人，两个陌生人，不一样的沟通方式，结果完全不同。

你可能也遇到过类似的情况。刚进入职场时，在重要的聚会上，有很多你想认识的前辈，你是想学A，抱着碰运气的心态挨个儿去求别人扫你的二维码，还是想像B这样不卑不亢成功地加上对方的微信呢？

低姿态，不代表可以办好事情，光主动、热情、努力，表现出对对方的喜爱，甚至崇拜，其实是不够的，因为你想认识的人并没有理由要认识你。

面对比你优秀的，甚至还有点高不可攀的人，如何加到对方的微信？我教你四个方法。

第一个方法：直接告诉对方，你能给他提供的价值。

要让对方知道：你是有价值的，并且这价值是对方需要的。

第二个故事中的B就给出了他的价值：他可以给这位大牛提供相关的样本。同样，当你面对优秀的、高不可攀的人时，你可以试着找到你的价值，不但能说服对方加你，而且能让你的姿态不卑不亢。

你的价值，从何而来？

你可以判断对方的需求，和你能够提供的帮助之间是否有交集，如果有，那你的帮助就是你的价值；如果没有，你的专业，你最擅长的事儿，你有而他没有的，就是最好的社交工具。

一位律师好不容易才挂上专家号，在看完病后，对医生说："我们律师表达喜爱的方式是，我可以帮你看合同，你遇上什么医疗纠纷了，可以来找我。"

这是诚意，也是价值。

医生笑着加了他的微信，并回答："好的，我们医生表达喜爱的方式，就是你有什么不舒服，可以直接问我，需要到医院的，我给你加号。"

我相信，当这位医生在类似场合，遇到也有他想加的不同领域的优秀的人时，他也会拿出自己的这份价值。

一位化妆师，总是有机会接触到各行各业的No.1，每当她给对方化完妆，都会仔细端详，最后会说："这次时间来不及了，下次，您再来北京，提前几天告诉我，我最近发现一个发型师挺适合您气质，有需要推荐给您，这位发型师线条处理得很干净。我剪头发每次都换发型师，尝试不同的风格。"

她是专业的，她的推荐也是专业的，于是，坐在她对面的这位，就很有必要互相留下联系方式。

这就是第一个方法，告诉对方你的价值。

第二个方法：创建一个你和对方都融入其中，并且相对平等的环境。

环境不同，人和人之间的关系会发生很大的变化。

举个例子，你想跳槽，你想加目标公司的老板，他直接能拍板，但以你的层级，去面试，根本到不了他的面前。你现在贸然去找这位老板，显然对方是不会搭理你的，但如果你和他在同一个群，而这个群，是家长群、校友群、金融街美食爱好者群，你们作为某个学校学生的家长、某个大学毕业的校友、美食爱好者，在群里的关系是平等的，在群里加，或者在线下活动时加，加成功的几率就高得多。

再举个例子，我很仰慕一位广告公司的CEO，他在国内获了很多大奖。我住的地方和他的公司离得不远，我几次在公共场所遇见这位CEO，但都不是合适加微信的时机，哪怕我的自我介绍再好，也显得冒昧、唐突。

我深知这位CEO与我最大的交集是，我们都和一个大机构合作，因此，一直等到这个机构的年会时，我才走到这位CEO面前，告诉他："您好，我在某某场合看过您的广告作品，我很仰慕您，我们加个微信吧。"

为什么选择这个场合？因为年会、共同合作的机构给我们彼此背书，在这里，我们的身份是平等的，都是这个机构的合作者。平等，让交往更融洽。

这就是第二个方法，创建平等的环境。

第三个方法：采取迂回添加的方式。

假设你当场碍于面子，没有加上对方，完全可以找对方要邮箱，表示你有相关资料要发给他，或者关注对方的微博、知乎、领英等，在私信中表达友爱，传递你能给到对方的价值，并留下你的联系方式。这个方法很简单，有时候效果超出你的想象。

很多人的邮箱、手机号就是他的微信号，你可以通过搜索找到对方，发一条合适的验证消息给他。怎么发验证消息，我们将在之后的课中，详细讨论。

甚至还有的人面对你索要邮箱发资料的要求时，觉得比较麻烦，会说：那我们直接加微信吧，这就属于意外惊喜了。

别怕迂回，只要能添加上。

最后一个方法：通过中间人认识。

如果没有合适的平等出现的环境，就要自己创造环境，其中包括让认识的中间人介绍。起码你们都是这个中间人的朋友吧，这就是平等的点。

如果我是个羞怯的人，即便和我仰慕的广告公司的CEO在大机构的年会中遇见，我也不好意思上前打招呼，主动加对方的微信，那么，我就会在年会中找一个大机构的工作人员，带我上前，让他介绍我们认识。或者，直接推微信给我，由他向这位CEO打个招呼，再去认识。

你想跳槽的那家公司的老板和你在一个群里，你怕他不能验证通过，那是否可以找到你们都认识的人，比如群主，比如某个活跃的群友，打个招呼，拉个小群，让他介绍，一切不就顺理成章了吗？

人和人之间的距离，说远也远，说近也近，我们常常在朋友圈中，发现八杆子打不着的两个人互相点赞，然后惊呼："你们怎么认识？！"可见，只要用心发掘，哪有找不到的中间人？

根据这个思路，我们可以倒推出这样一个技巧——**平时要用心发掘中间人。**他在某个领域工作了很久，性格也不错，他似乎谁都认识，认识他，就等于连起一座人际沟通的桥，你身边如果有这样的人，你的社交会省心一半。这种人，可以长期做你在某个领域的中间人。

好了，这四个添加技巧你学会了吗？

让我们再回到第一个故事，用我们的四种方法去帮一下A。
首先，他可以模仿B的形式，也就是我们的第一个方法，告诉他想加的人，他能提供的价值。
事后，我才知道，在那场名家云集的文学大会上，A是某省级某刊选送来的代表，他可以利用自己的身份这么跟大家说："如果您想去我们省采风，可以联系我，我们有美丽的某某地方，等等。"或者："我们单位正在筹备一场类似的行业会，希望到时候可以邀请诸位老师参加，我们加一下微信吧。"**这就是通过信息传递了自己的价值。**

其次，那天中午，会议主办方安排了自助餐，大家可以自由组合，A可以坐在想加的人身边，和对方聊天，听对方和他的同伴聊天，找到交集，进行交谈，进而互加微信。他可以单独添加某一位的微信，也可以面对面建群，加所有人。在这样一个平等融洽的环境中，A添加微信是一个自然而然的动作。**也就是我们提到的第二种方法，让自己和对方处在一个相对平等的环境。**

再次，如果A在会议上没有忙着加人，而是通过观察，锁定目标，关注目标对象的微博，发私信自我介绍："某某老师，我们刚一起开过什么什么会，会议上人多，没来得及打招呼，您在会议中的发言，给我留下深刻印象，其中，您提到的什么什么，我认为如何如何，希望和您保持联系。"或者会议结束后，A在主办方发的小册子上，找到了目标对象的手机号，附加真诚的验证消息，加上对方微信的可能性会高很多。

因为，离开会场，用别的方式相遇，共同参加过一个会，其实就是微妙的平等，在那个会议上，我们是平等的参会者。

而会议结束后，**采取这种迂回添加的方式，也会给人深思熟虑后再加我，有诚意、有礼貌的印象。**

最后，A当然还能在会议上锁定目标，**找和目标认识的中间人做引荐，**这样更能轻松加上了对方的微信。

四种方法都可以用，你记住了吗？

好，这一节内容结束了。总结一下：

面对一个比你优秀，甚至高不可攀的陌生人，你可以通过提供你的价值、创建一个相对平等的环境、用迂回的方式，以及中间人推荐等方法，成功加上对方微信。

如何加上有竞争关系的人

在开始讲如何加上有竞争关系的人之前，先来看一个我的亲身经历。

前不久，我去一家公司谈合作，一推会议室的门，我和对接工作的人都愣了。

对接工作的人姓刘，三年前，在一场竞标活动中，和我曾是对手。

我们见面，唏嘘不已，首先，赞叹缘分。其次，在那场竞标活动中，我们彼此都给对方留下深刻的印象，竞争时的表现，显示出的能力，不仅是话题，还成了共同合作的基础。再次，我们认清一个现实：**行业已经成为大单位，没有永远的对手，今天的对手明天就可能是合作者。**

那天，刘总的下属小王也加入了我们的谈话。

她说，她的这份工作，是一个小伙伴介绍的。他们在一家单位面试时认识，是不折不扣的竞争对手。但回去的路上，他们同路，一起拼车，路上聊得很开心，互加了微信，后来就成了朋友。他们谁也没去面试的那家单位工作，可因为是同行，同时毕业，就像职场发小儿，之后还会彼此分享些消息，包括她现在的这份工作。

有人的地方就有江湖，只要做事，一定会遇到竞争。

比赛、竞标、面试、向同一岗位发起冲击……时时处处都有可能遇到有竞争关系的人。

为了眼下能打探到有用的资讯，为了多交一个朋友，多一条路，为了日后能结成同盟，学会和有竞争关系的人打交道，是一种必要能力。

从线上社交的角度来看，第一步，当然还是，加上对方的微信。

竞争对手的微信不难找到。但知道对方的微信号，未必能加成功。

涉及利益，你若赢，我就败，已然剑拔弩张了，竞争对手为什么一定要加你呢？

面对有竞争关系的人，无论是加微信，还是之后继续交往，有一个大原则：

越是竞争激烈，越要尽可能弱化竞争关系，尽可能找到交集。在这个交集中，形成同盟：或者是过去的同盟，"我们一起来吐槽一下合作方"；或者是未来的同盟，成为伙伴和消息源。

具体怎么加，我有三个方法给到你。

第一个方法：同一组织的人，公开加；不同组织的人，私下加。

怎么说呢？

在办公室政治中，越是有强竞争关系的对手，越是要当着众人的面去加他，尤其当着对你们重要"赛事"有决定性影响的评委面前。

举个例子，一家公司的A、B两个部门同时竞争一个项目。

你是A部门的代表，和B部门的代表以及其他高层都参与了方案讨论会。会议结束后你对B部门的代表，提出加微信的要求。这时，他拒绝你的几率是非常小的，因为他要注重他在众人面前的形象，他不能在大老板和公司高层那儿落下"格局太小""嫉妒心太强""不大气"的印象。

但是，换到两军对垒，情况就不一样了。你代表A公司，和B公司在竞标甲方公司的某个项目。一番唇枪舌剑之后，终于休息了，大家也散场了。这时你去加B公司代表的微信，成功的几率很小。因为在甲方公司眼里，你们是两家人，互通消息，有串通一气的嫌疑；而B公司的其他人，也会对你的动机产生怀疑。这些都会成为B公司代表不会通过你的原因。

那什么是合适的时机呢？如果你真想加B公司的代表，不妨找个私下的机会，再加。

比如在电梯里，又遇见B公司的代表，你完全可以说："您刚才的发言真是可圈可点，我们加个微信，这个项目完了，有一个case，我觉得我们可以合作。" 没有大队人马，不在竞争现场，没有众多眼线，对方也会觉得比较妥当，会通过你的添加。

这就是对于同一组织的人，公开加；不同组织的人，私下加。

第二个方法：换个场景加。

竞争现场，硝烟四起。离开那个场，大家往往会比较放松。所以加有竞争关系的人，就要找一个相对放松、能让竞争关系弱化的环境，让竞争成为结识的契机，去促进交往。

与场景相关的是时机，我的建议是，在竞赛告一段落时加。

如：面试时的对手，在面试结束后，和小王一起拼车回家，互加了微信。

A公司的代表在电梯里遇见了竞争对手B公司的代表，也加了微信。

我在论坛上，见过两个事例，很有代表性。

一位男生去体检，拿报告时，发现有人死死盯着他，仔细一看，是上一次辩论比赛时的第二名，而他是第一名，对方说："咱俩太有缘了，一定要加个微信！"哈哈大笑之余，两人都掏出手机。

另一位女士，在朋友的婚礼上，巧遇竞争对手公司的经理。她忽然发现这位经理，离开竞争的那个场，私下里非常能聊，她觉得很有趣，当然更重要的原因，是他们认为换个场景还能见面，真有缘，于是加了微信。

根据这个思路，我们可以得出结论，你特别想加一个人微信的时候，**可以刻意制造出偶遇**。相信我，之前没有任何交集的人，短时间内连续见面，就能得出有缘的结论，而有缘几乎成为现代人最大的迷信。

第三个方法：给对方一个不能拒绝的理由。

对于有竞争关系的人之间，最不能拒绝的理由是你能提供的价值，你能为对方带来什么。

价值可以是一条有用的信息。

如："有一个事儿我要告诉你，关于本次大赛的真相。"

又如：A公司的代表在电梯里碰到B公司的代表，他说："刚才你在公司的自我介绍中，提到你们曾经做过什么什么项目，其实，当时我也参与了那个项目，但最后退出了。提起那个合作方，真是一言难尽……"

这里，关于那个合作方的八卦是有用的信息。而潜在的意思是，我们过去有过类似的交集，未来还会有，互通消息，可以免于踩同样的坑。

价值也是未来合作的可能。

如："这个项目完了，有一个case，我觉得我们可以一起做。"

又如："老兄，刚才你的发言特别棒，有没有兴趣跳槽到我们公司？"或者，"你们公司现在还缺人吗？"

挖人和求被挖，都是合作的可能。正如我们一开始所说，行业已经成为一个大单位，今天的对手，明天就可能成为合作者。

让我们总结一下，如何加上有竞争关系的人的微信？

1. 同一组织的人，公开加；不同组织的人，私下加。

衡量是不是同一组织，主要看评委是不是把你们当一家人。

2. 换个场景加。

最好的场景是在竞赛告一段落后，相对放松的环境下。

3. 给对方一个不能拒绝的理由。

你能提供的价值就是最好的理由。

轻松一点，拿一部著名的宫斗剧，来说明如何加上有竞争关系的人。

《甄嬛传》中，宠妃华妃和甄嬛是竞争对手，甄嬛想加华妃的微信，什么时候最合适？

当然是在皇上面前。因为皇上把她们视作一家人，彼此和睦，是对皇上希望家庭和睦意愿的服从。

甄嬛和看似柔顺、谦卑，实则心机满满的安陵容也是竞争对手，她们什么时候加微信最合适呢？当然是在选秀海选刚通过时，这时，竞赛告一段落，彼此实力都很弱，需要一个同盟。

甄嬛和驯兽女出身的宁贵人是双重的竞争对手：首先，她们都是皇上的嫔妃；其次，深爱甄嬛的果郡王是宁贵人暗恋的人。

甄嬛要怎么加上宁贵人的微信呢？甄嬛第一要表达对果郡王的情意，取得宁贵人的共鸣；其次要表达对皇上的恨，以及为果郡王复仇的决心，这是她未来能提供的价值。在恨皇上、爱果郡王、要为果郡王复仇这三点上，甄嬛和宁贵人会结成同盟。

我们加一个比自己优秀，甚至有点高不可攀的人时，要尽可能把自己和对方放在一个平等的环境中，模糊不平等；我们加一个有竞争关系的人时，要尽可能模糊竞争，让竞争显得只是一时的、眼前的事儿，在更广阔的天地中，彼此会成为同盟。

轻松练一练：

有没有什么人和你有竞争关系？

你们下一次见面是什么时候？你会主动加他微信吗？

你会用什么方式去加他的微信？

如何加上暗恋的人

这一节，我们来谈谈，如何获取暗恋的人的联系方式，加上你心中的男神、女神的微信？

一次，我在写字楼的电梯里，遇见两个年轻人。

一位男，一位女。

女士，娇小玲珑，貌美如花；男士，高大威猛，看起来阳光、干净。

我们三个人，走进电梯。女士捧着她的手机，在刷朋友圈，忽然，她笑出声，原来她的一张照片下，有一条非常有趣的评论。这笑声引起了男士的注意，男士的话引起了我的注意。

男士说："你的朋友圈点赞好多啊！"

女士抬起头，礼貌地回："谢谢！"

男士又说："我也想给你点个赞，行吗？"

女士没提防，面对突如其来的请求，条件反射地回答："当然可以啊！"

这时，男士拿着手机凑过去，说："加个微信，我就能给你点赞了！"

女士扑哧一声笑了。

电梯门开，原来，两人在同一层楼下，他们边加微信，边走出电梯，只听男士继续说："其实，我就在你们隔壁办公，这两天还想去你们公司面试呢！经常见到你，就想向你打听下……"

电梯门合上，他们有说有笑的背影消失在我的眼前，我目瞪口呆，真是目睹了一场教科书级的如何与女神搭讪。

分析一下，在电梯有限的空间，一两分钟有限的时间里，男士都完成了哪些动作：

第一，抓住时机。

"我就在你们公司隔壁办公。""经常见到你。"说明男士注意女士已经很久了。

一对一的聊天机会，看来一直没有办法得到，而我们三个人在电梯里，相对来说，已经是这位男士与他心中的女神距离最近的时刻。

第二，营造自然、放松的氛围。

恋爱之前，自然、放松，是最好的姿态；不卑不亢，在任何与陌生人的交往中，都很重要。越刻意、越热情、越讨好，就越可能让对方觉得唐突、戒备升级。

从"这么多人给你点赞"过渡到"我也想给你点赞"，轻松、有趣，别出心裁。喜欢等于熟悉加意外嘛，搭讪天天有，今天不一样，接受的几率就会高。

第三，给对方不能拒绝的理由。

通常，我们主动为对方做点什么，包括解决一个麻烦，或主动麻烦对方帮一个小忙，就能形成男女之间不能拒绝的理由。

"想为你点赞"是我为你做什么，"过几天去你们单位面试""想向你打听"是我想麻烦你帮的小忙。

第四，找到交集，为后续交往提供更多可能。

"隔壁办公""面试"不正是找到了交集，找到了话题，找到以后可以一起吐槽、介绍经验、约个饭、上下班同行等更多可能吗？

这四个动作，就是我想教给你的，加上男神、女神微信的法宝。接下来我会告诉你，在一见钟情和日久生情两种不同情形下，如何灵活运用这四个技能，加上喜欢的人。

先来看一见钟情的场景。

你坐在高铁上，窗外的风景飞驰而过，忽然，你一回头：咦，坐在我身边的这位女士，不就是我的梦中情人吗？

判断一下，高铁时间短暂，也许，她下一站就下车了，事不宜迟，必须一举拿下，要加，赶紧加。

首先，在聊天中找到交集，创造自然、放松的氛围。

你可以从旅途的状态找话题。列车开往上海虹桥，你可以说："你也是去上海吗？""你去上海是出差？还是家在上海？"聊着聊着，一定有交集。

你可以从对方身上找话题，从口音入手："听口音，你是湖北人？"也可以从对方带的某件行李入手："我一直想买一个能前开盖的旅行箱，你这只不错哎！"

家乡、星座、旅途本身都是好的交集和话题。

然后，控制好节奏，在适当的时机，你给她一个不能拒绝的理由，她就会加你的微信。这里提醒你一下，聊天要进行到一定状态，对方确定你是个可以信任的人时你再加。

你给她的理由可以从交谈中延伸而来。拍了张照片要发给她；待会儿到站一起走；夸对方的某件行李，再接一句"给我发个淘宝链接"吧；你在她的电话里听到她要租房，你正好有合适的房源提供；这些都可以成为不能拒绝的理由。

你给她的理由也可以是你身上足以吸引到对方的东西。比如你长得好看，你的颜值足以让对方眼前一亮；比如在自然放松的氛围里聊天，你展现出的有趣、学识渊博，也能让对方眼前一亮；再比如，你的专业或者专业级的业务爱好，也可以成为社交利器。

举个例子，我在高铁上，和人聊天时，经常会说："我是一个写作者，你刚才和人语音通话时，提到什么什么事，我很感兴趣，我觉得可以成为我下一个故事的素材，麻烦你再讲一下好吗？"

至今为止，我没有被拒绝过，前提是，我说的一切是真的，在过程中，我还会给对方展示一下能证明我身份的证据。

对方往往说完了，仍意犹未尽，我会主动对对方说，那我们加个微信，保持联系，有什么疑惑的，还能继续采访你。

这可以借鉴到男女交往中。

再举个例子，我的一个朋友在生产手机而闻名的公司工作。

他和意中人相识在高铁上。他上上下下打量了这位意中人，当时还是陌生人，最后发现，这位意中人拿的手机可以成为突破口。

他做了一个简短的自我介绍，表示："我就是做手机的，我想知道，你对这款手机有什么样的体验？用过这么多手机，体验最好的是哪款？为什么？"

他专业的态度，以及手机这个人人都能聊的话题，让身边的这位陌生女孩侃侃而谈。我的这位朋友比女孩早一站下车，下车前，他对女孩说，你说的这些都特别好，对我很有启发，这样，我们加个微信吧，我正在开发的新款，有几个试用的名额，之后，寄给你。

他们加了微信，但新手机不是寄的，而是在下一次见面时，当面交接的。

你看，抓住时机，通过交谈，营造自然、放松的氛围，给对方一个不能拒绝的理由，搭建你们之间的链接，从而继续交往。这就是在一见钟情的场景下，加上你心中的男神女神的方法。

那日久生情的情况呢？你又该怎么办呢？

好，想象一下：

公司来了一位新同事，叫李雷，三个月了，他的一举一动都印在另一个部门工作的韩梅梅的心口，韩梅梅每天都在琢磨如何接近李雷。五十个人一起上楼，韩梅梅都能听出李雷的脚步声，但他们没有单独在一起的机会，单独相处，韩梅梅也会因为羞涩，不知怎么开口。

好，韩梅梅现在应该怎么办呢？

首先，她需要能和李雷近距离放松相处的小环境。

通过刻意搜集信息，加入有李雷在的小环境。

比如，参加李雷在场的会议。

比如，最近，公司安排了一场封闭式培训，全公司的名额是五个，韩梅梅多方打听得知李雷会去，那OK，韩梅梅现在要做的就是争取本部门选送去培训的是自己。

如果没有现成的小环境，就约个局，主动创造一个小环境。

比如，韩梅梅听说李雷热爱户外运动，她在公司的内部论坛上，发一个贴，邀请各位热爱户外运动的同事，周末一起去徒步；或者干脆组个群，就算李雷当时没有入群，没有参加这次的活动，圈子那么小，他迟早会进来的。

其次，有了小环境后，距离自动会拉近，撞开没有交集的壁垒，在三五个人的小范围活动中，互加微信，自然、放松、不露痕迹。

会议结束，韩梅梅可以找个理由，"我把今天的方案传给各位。"各位包括李雷；"加微信传吧。"这是多自然的对话。

一起培训，过程中，韩梅梅可以主动麻烦李雷："我能借下你的笔记吗？""稍等，微信加你。"这是多自然的对话。

户外运动中，为防走失、掉队，所有人相互加上微信，韩梅梅加李雷更自然。

而培训不是一天的，户外运动还有下一场，方案发完，还能继续讨论，这为之后的交往提供了可能。

好，以上就是日久生情的情形下，如何破冰，加上暗恋的人的微信。

这里我要提醒你，不管是一见钟情还是日久生情，加上对方微信后，**你需要及时、有分寸地表达好感。这很重要。**男女交往由荷尔蒙驱动，一开始没让对方感受到你的荷尔蒙，一味地顺其自然，就会变成兄弟姐妹或路人了。这个度，要由你把握。

总结一下这一节的内容：

在这一节中，你学会了四个添加男神女神的动作：

抓住时机，拉近距离。

营造自然、放松的氛围。

给对方一个不能拒绝的理由，主动麻烦，或主动为对方解决麻烦。

用找交集的方式聊天。

并且，我给你演示了在一见钟情和日久生情的情况下，如何灵活运用这四个技巧，加上你暗恋的人。

希望这些内容能帮到你。

轻松一下，说一段中国现代史上著名的才子佳人的故事。

复旦大学的校花、联合国第一位中国女外交官严幼韵女士，年轻时，人送外号"爱的花"。因为她的车牌号是84，英语Eighty-four念成沪语就是"爱的花"。

20世纪30年代，在上海的街头，开车的女性屈指可数。一天，严幼韵手握方向盘在大街上驰骋的身影让年轻的杨光泩大为倾倒。杨光泩是谁呢？也是一位著名的才子，后来也成为一名著名的外交官，他一路尾随，跟着小跑，最后，发现严幼韵把车停到一栋洋房前。

杨光泩没有直接上去和严幼韵搭讪，搁在今天，也就是没有主动去索要意中人的微信。

原来，杨光泩找到了他们的交集——那栋洋房的主人也是杨光洼的朋友。杨光洼之后从朋友那里得知，美丽的"爱的花"小姐是去参加舞会的，于是，他央求这位朋友，再组织一次舞会，再邀请严幼韵参加。在这场舞会上，杨光洼在朋友介绍下，和严幼韵相识，他告诉严幼韵："舞会，就是我专门为了认识你而办的。"

搁在今天，不就是专门组个局，及时表达好感，加上了女神的微信吗？

轻松练一练：

你有没有暗恋过一个人？

如果正在暗恋他（她），你准备用什么样的方式加上他（她）的微信？

如何批量地加微信

这一节，我们来谈谈，如何批量地加微信。

先来看一个我的亲身经历。

两年前，我参加了一个去日本的旅行团，团员有二十多人，不到两天，大家就混熟了，建了个群，彼此互加。

旅行团中有一位乔女士，穿着时髦，浑身名牌。每到一个新的购物点，她就会一猛子扎下去，大包小包拎出来；到了景点，她会举着自拍杆，一直拍，全程都在发朋友圈，可以说，她直播了我们整个旅程。

对一些人来说，旅行结束，就是结束；对另一些人来说，一切刚刚开始。

临别，小乔告诉我们，她是做代购的，以后谁有代购的需求都可以找她。为什么参加旅行团？她说，与其纯公务地飞来飞去，不如跟团游，买了东西，增长了阅历，还能结识更多的人。这些人，包括我，都是她的潜在客户，现在，起码都成了她的微信好友。

回去的飞机上，我越想越觉得小乔的思路绝妙。

她做代购，最难的是，如何加上更多的陌生人；加上陌生人后，又如何取得信任，相信她卖的东西是真的。

在旅行中互加，很少会有人拒绝，而且，一加就是一团的人。经过一段时间的相处，小乔比其他代购，让我们多了信任。她的工作状态，我们也看到了：在购物点，她货比三家，频繁和客户沟通，看起来非常敬业、专业；她一直在自拍，在朋友圈直播，日后，当我们在朋友圈，看到她直播时，会相信，她确实在国外，卖的东西不会是假货。

目标精准、自然而然，小乔是批量加微信的典范。

今天，很多人的工作需要和大量的陌生人对接。把陌生人加进自己的微信通信录里，是保持联系、拓展业务、加深合作、扩大影响力的重要方式。

那么如何做，添加的成功率会更高？量会大呢？

想批量加微信，有一个大原则：

一定要让陌生人容易找到你。

在公之于众的一切平台，如微博、名片上印上你的微信号；

在你目标客户、目标微信好友会停留的各大网站发信息、发布话题，留微信号；

如果你有产品、宣传单，要在产品、宣传单上印上你的微信号。

不仅要让陌生人容易找到你，更重要的是要让他们看到你的工作状态、你专业的样子，这样才能取得他们的信任，然后找精准场景，找人推荐，用一些技巧等就会顺理成章地加上微信。

具体怎么加呢？我有四个方法。

第一个方法，通过微信或其他社交平台加人。

你可以利用微信/QQ自带的一些功能。

如，微信上有摇一摇、查找附近的人、漂流瓶等。

QQ推出了提醒功能。

这些都是大规模添加陌生人的好方式。

你也可以利用一些其他的App。

比如一些游戏软件，"天天酷跑""天天爱消除""王者荣耀"等，"豆瓣""知乎""微博"等社交平台，用微信号登录，你也可以结识大量陌生人，并可以查找附近的玩家或有相同爱好的好友，丢纸条给对方，添加为好友。

这里我需要提醒你一点，这种来源的好友要慎重，注意安全。

第二个方法，根据不同社交目的加人。

如果你的社交目的很清晰，那就寻找精准场景；

如果你的社交目的不清晰，那就先进入有大量陌生人的场景，然后营造一个你自己的粉丝池。

我们逐一来看：

1. 通过社交目的倒推用户所在的精准场景。

问自己几个问题：我为什么需要批量加微信？我希望通过这些微信好友，达到什么目的？他们大概的年龄、性别、知识层次、消费能力是什么样？这样的人最常活跃的地方是哪里？

这就是根据社交目的，倒推用户画像，最活跃的地方就是精准场景。

比如，小乔的社交目的是寻找更多请她做代购的客户。

她告诉我，她通常会选择有购物环节的高端出境游旅行团。

有消费能力，出境游的一部分动机就是为了购物，这些人，是小乔的精准用户，高端旅行团，就是他们所在的精准场景。

再举个例子。

我曾在北京鼓楼的一家剧场看话剧。

中场休息，剧团的营销人员走上舞台，拿着手机，对着麦克风，告诉台下的观众："现在，我报几个数字，大家一起面对面加入我们的剧团群，稍后，今晚演出的导演、主演会出现在我们的群里，和大家一起聊一聊舞台背后的故事。"

我第一时间加入了这个群。

我注意到几个细节，某某剧团群的群名标着数字，这已经是该剧团的第90个群；由于导演、主演会出现，极具诱惑力，这个500人的群很快加满了。当晚，在创作谈之后，那位营销人员向我发送了验证消息，我相信他也向群中其他人发送了。也就是说，他把群中所有人加成了他个人的微信好友。加他前，我浏览了一下他的朋友圈，基本上都是这个剧团新剧目的预告以及票务信息。对我这样的话剧爱好者来说，加他，得知该行业、该剧团的最新消息，是互利互惠的，于是，我迅速验证通过。

想象一下，如果这位营销人员在大街上，或是任何一个和话剧无关的场景中，添加陌生人，被拒绝的几率都会很大。即便加上了，如果对方对话剧毫无兴趣，添加本身也是无效的。

因此，如果你有精准的社交目的，与其冲量，不如找对场景，加对人。

2. 如果你的社交目的没有那么精准，你的微信好友、用户的画像也没有那么清晰，你该怎么办呢？

首先你需要进入大量陌生人会出现的场景。

线上有论坛，有各种群，线下有沙龙，有各种活动，如果没有，就自己主动组织一些群、活动，让陌生人参加，你也加入。

如果你是个小学生的家长，学校组织的家长课堂，就会有大量陌生的家长出现。

如果你的附近有义工组织，你在做善事的同时，其他义工完全可能成为你新的微信好友。

这些都是大量陌生人出现的场景。

然后，找到自己的粉丝池，让别人主动加你。

当你不断参加有大量陌生人出现的活动，你会总结出，在哪类活动中，你如鱼得水，总有黄金谈话方向，别人会主动被你吸引，继而主动加你，这种活动就是你的粉丝池。

说明白点，一个人，打游戏能打到竞技水平，只要他打，就有人找他聊天，向他学习，游戏圈就是他的粉丝池。

一个作家，在签售时、讲座中，总是会遇到大量陌生的读者，读者会主动添加他，读者群就是他的粉丝池。

一个对穿搭颇有研究的小姐姐，大街上站着，就经常有人会问她，可以街拍一下吗？爱美的人群，就是她的粉丝池。

因此，在游戏论坛发言，和人谈游戏，进入多个游戏群，主动组织战队，是擅打游戏的人在经营粉丝池。

不断参加文化活动，经常和读者互动，在公开场合，如活动现场、微博、图书上，留下自己的微信号，是作家在经营粉丝池。

在时尚论坛晒自己的穿搭照片，在贴吧分享穿搭心得，加入各种时尚群，和身边人交换时尚单品的链接，是爱美小姐姐在经营粉丝池。

一项爱好，一种兴趣，一类你总有话说也总有人听你说的事儿，就是你靠个人魅力，能源源不断批量加微信的方式。

这就是两种不同社交目的的场景下如何加人的情况：

有清晰社交目的时，找到精准场景添加；没有清晰社交目的时，就直接进入有大量陌生人出现的场景，然后慢慢形成自己的粉丝池，让别人主动加自己。

第三个方法是，通过人加人。

你可以找到和你有同样加人诉求的人。

一些特定的职业有这样的诉求。

比如房地产中介、保险经纪人，他们每一天都希望能添加大量陌生人。他们的信息都是公开的，在各个网站、论坛，甚至你在街上都会被他们拦下。

稍微做点努力，在网上搜索下关键词，一天起码能加100人。

你的同行，也和你有同样诉求。

你们可以进行互推、换群。

比如，如果你要推销一款玫瑰花茶，你的一个朋友，一直经销燕窝，已经积攒了一些用户。养生、爱美、重视健康，你们的用户画像基本一致。

通过互推，你们在彼此的朋友圈中，贴出对方的产品、微信二维码，你进入他所在的群，他进入你所在的群，就能实现双赢。

你也可以靠人推荐。

一种推荐靠口碑，需要你做事靠谱，并经常提醒你的微信好友们，你坚持在做一件事。

有一种说法，手艺人是饿不死的。因为，手艺人有核心价值，就是他的手艺。作为一个手艺人，他身边的人都知道怎么帮他，也就是说给他介绍活儿。

所以，你是否准确传递了这种信息？你在做什么，帮你，就给你介绍什么样的人。

我在小乔那儿经常买点东西，遇到有人问我哪里买的，我就会把小乔的微信推给他。前提是，我买的那些，我很满意；小乔每日在朋友圈更新，她又去哪儿了，又货比三家，发现性价比最高的什么东西，这让我知道，她还在做代购，不会造成无效推荐。

另一种推荐，靠名人。

名人有影响力，如果能得到名人的推荐，有让你意想不到的效果。你或者花钱打广告，或者按我们在第一节课中谈到的如何加上高不可攀的人，和名人成为微信好友，再把他们变成你的客户，通过口碑，让他们主动帮你推荐。

第四个方法，利用一些微信裂变的技巧。
你可以用微信群打卡的方式。

一个减肥营，推广了一种饮食的新方法，方法很容易掌握，但每天打卡才是它最大的卖点。

创始人是如何把所有参加这个营的人，加到他的个人微信里呢?

很简单，所有人，必须加创始人的个人微信，才能由他拉到减肥营的群里。创始人是不得不过的一关。

你也可以使用一些价格优惠策略。

同理，一个中医推拿馆，首次体验价是正常做一次推拿的一折，付款码就是推拿馆店主的个人微信。

不加吗? 你付不了钱。

假如这个推拿馆，每天的散客有50个人，一个月下来也1500个人了，数字可观。

你还可以赠送一些额外的礼品或福利。

回到我们一开始讲的代购小乔。

推荐一个新的微信好友给小乔，小乔就有精美的小礼品送给推荐者和新来的微信好友。

诱惑本身就是机关。

也同理，在话剧舞台上那位营销人员承诺台下的观众，导演、主演会出现在群里，这也是不得不加的额外的福利。

好，四个方法，**通过社交平台加人，根据不同社交目的加人，通过人加人，通过微信裂变技巧加人。**

从0到1很难，但有方法，就能降低难度。

想一想：

你有没有可能发展的粉丝池？

如何打造优质的网络形象

这一节，我们来谈谈，如何打造优质的网络形象，给对方留下好的第一印象。

前几节内容中，我们主要探讨的是当面加人的技巧，但生活中，还有很多时候，我们没有见到想加的人，只是拿到了对方的微信号，该做哪些准备，给人留下更好的印象，便于以后发展关系？如何发验证消息，更容易通过；通过后，又如何打招呼呢？我们用两节的内容来详细讲解。

这一节先来看看如何打造好第一印象，为你加分。

在用微信和陌生人的沟通中，头像、网名、签名档、朋友圈构成的网络资料包是你给别人第一印象的重要依据。

这就需要你先确定你的社交主形象，然后从头像、网名、朋友圈入手，进行全方位的打造。

明确你的社交主形象，就是展示你最想示人的那部分。

一个人可以有许多面，不同的人生角色。

但，你最希望别人眼中的你是什么样？为你贴的标签是什么？

它就是你的社交主形象。

如何确定社交主形象，我有三个方法。

一、你可以分析自身身份。

也就是提炼自己身上最重要的社会角色是什么。

你是温存的母亲，你是严肃的上司，你是活泼的朋友，你是幽默的段子手。

你觉得最重要的是什么？

二、你可以想象社交场景。

在茫茫人海中遇到的陌生人打开你的微信；

你的上司打开你的微信；

你的父母、情侣或配偶的父母打开你的微信；

你孩子的老师、孩子同学的家长打开你的微信……

想象一下，以上这些人，他们看见你的头像、网名、签名档、可见的朋友圈，综合这些信息，他们能看到的你是什么样？

这个样儿，让你感到骄傲还是丢脸？

哪些丢脸？去掉哪些。

三、你还可以用形容词+名词的方式。

你是活泼的/内向的/严肃的/矜持的/乖巧的……

你是知识分子/生活家/工作狂/顾家男人……

你也可以加上职业，医生/律师/全职妈妈/教练……

提醒你一下，在确定社交主形象的过程中，你可以随时灵活修正。

把满意的部分记下来，针对不同人群，把你希望给他们看到的自己在心里过一遍，将已有的微信好友分类。

如果不满意，进行修正。

如果和心中的自己不一样，画一幅更清晰的你的画像，从头像、网名、签名档开始更新。

通过这三种方法，你便可以确定自己的社交主形象。

那之后你又该怎样通过网络资料包，打造更好的网络形象呢？我给你两个思路：

思路一，将网名、头像、签名档当作个人品牌标签来管理。

思路二，陌生人可见的朋友圈，需遵守四要四不要的原则。

第一，网名、头像、签名档。

我们每个人都要把自己当作一个品牌来管理。

网名，就是你的商标名；头像是商标最直观的展现；签名档是你的用户说明。

具体说来：**网名、头像、签名档要和你的社交主形象一致，尽可能保持稳定，不要有明显的恶趣味。**

得体，是网络资料包在陌生人沟通中的首要原则。你需要记住，此刻对你的人生有投票权的人，你留给他什么印象？是不是得体？

设想一下，一个求职者，通过App，加上应聘企业的HR或老总本人的微信，她应聘的是办公室文员的工作。

她的简历原本无懈可击，但她的网名是"王思聪是我老公"，头像中的她，面容姣好，但有七种发色，这样的形象，用于向所有人公开的网络平台上，是减分的。

我曾遇到一个人约稿，微博上给我发私信，我们聊得很好，但加了微信后，我忽然觉得，对方有那么点儿不靠谱，他的网名叫"我爱大咪咪"，这个咪咪做何解，我不能确定，不知道是养了一只叫咪咪的猫呢？还是其他。

而他的签名档是"我是骗子"，无论之前聊得有多好，他的微信资料包，都是为他减分的。

在可以选择时，显然，他是被筛选掉的。

一个皮草店的老板，他的微信名是"卖皮草的小孙"；一个有志于在网络平台讲历史亲子故事的主播，微信名是"姓名+给孩子讲历史"，指向明确，简洁明了，这就是好的微信名。

如果你什么都不想加，用自己的本名，或本名的谐音组成更美的词，既代表了个人的审美，有志趣，又让人一眼看见就知道是你，有辨识度，也是好的微信名。或者，你可以给自己取个小号，比如，在《红楼梦》中，贾探春的微信名可能就是"蕉下客"。

第二，陌生人可见的朋友圈，遵循四要四不要。

网名、头像、签名档是名片，朋友圈就是你的后花园、黑板报。在陌生人可见的十条，甚至更多朋友圈中**要牢记社交目标，要明确社交任务，要学会分组，要只对主要沟通对象负责，这便是四要。**

简而言之，就是你要做什么事，这事和哪些人有关，在他们面前，在朋友圈，你要树立什么样的社交形象，才能促成这件事完成？你的哪一面，不想给他们看，或可能会坏事。

以职场为例。

你是房地产经纪，这就是你的社交主形象。

你今天带客户看了几处新房，客户对你很满意，你们互相加了微信，但他打开你的朋友圈，发现你所有的更新都和房地产没关系，全是你业余做微商，卖面膜的那些，这是不成功的朋友圈，因为社交目标混乱，社交任务没有完成这些会让人质疑你的专业、专心。

那么，为什么不把你房地产的客户，和你做微商面向的那些客户区分呢？朋友圈是能分组可见的。

你是幼儿园老师，这是你的社交主形象。

你有缤纷五彩的个人生活，但主要沟通对象是学生家长，是同事，是领导。因此，如果培训的心得、班级工作、六一排练等成为你朋友圈的主流，这就是成功，就是你给别人好的第一印象。

至于其他人，做美容的、你的中学同学，他们不是你的主要沟通对象，只要你的朋友圈不失礼，就是满分。

这四要会让你树立良好的社交形象，促成自己的社交目的。

那反过来，四个最好不要做的动作，我们也来看一下。

不要秀智商下限，不要秀品行下限，不要秀情绪下限，不要泄露隐私，这便是四不要。

1. 不要秀智商下限。

对不能肯定的事实，对惊悚的随时可能发生反转的新闻，等一等，再发，再转。

完美社交形象的一部分一定包括有独立思考能力，理智、优雅；转那些一看就有问题的帖子，会让人怀疑你的智商，觉得你不理智，不优雅。

2. 不要秀品行下限。

金庸刚去世，你就在朋友圈公布对他文学地位的认知，而你的认知还是贬低他的，这会引起怀念他的粉丝，把他视为青春记忆的人的反感。

虐童新闻刚曝，你就发表言论：一些熊孩子该打还得打。

或许你说的是对的，但一个公共事件出现，要尊重大众、公共的情绪，没有必要为证明你的清醒，提出一些必然被反对的观点。

对于有普世价值的，公认三观是正确的，不要挑战它，不要标新立异。

3. 不要秀情绪下限。

我们的朋友圈，纯个人的情绪，尤其是消极的，越少越好。

谁都不愿意认识一个神经质的、随时需要呵护的、有一点状况就马上发出来的人。

即便你发的状态和他人无关，但人们都会站在自己的立场上衡量你会不会带来麻烦。

一个人不满意自己的上司，刚开完会，觉得领导布置的工作一项都不对。

他在朋友圈及时更新了对领导的评断，"一将无能，累死万兵。"

怨、恨，毫无保留都拿出来了。

其实，他不在乎这位上司的想法，可是，其他上司也不敢用这样的下属。

如果是求职期，类似的状态保留在朋友圈里，和新单位的HR或老板互加微信，这就是埋雷。

4. 不要泄露隐私。

尤其，如果你对陌生人开放了十条朋友圈可见的权限时，你的定位，你孩子的照片，你坐一趟火车也要晒一下车票，而车票无遮无挡，你的身份证号，你的车次、座次都一览无余，是非常危险的。

这四个不要，如果做了会让你给陌生人的第一印象大打折扣，所以我也有必要提醒你一下千万不要去做。

通过网名、头像、签名档，通过朋友圈的四要、四不要，你把这些做好了，就打造好了优质的网络形象，做好了和陌生人进行交谈的准备。

如何顺利地与陌生人开启交谈

这一节,我们来谈谈,如何顺利地与陌生人开启交谈。

生活中,有很多时候,我们没有见到想加的人,只是拿到了对方的微信号,如何发验证消息,更容易被通过;通过后,如何打招呼,该做哪些准备,才会给人留下更好的印象,便于以后发展关系呢?

要和陌生人进行顺畅的交谈,我有三个技巧:**做一些信息搜集工作,发送明确的验证消息,以及告诉对方自己的社交任务。**

首先,你要做一点信息搜集工作。
搜集什么?
搜集对方干过什么,干得怎么样,即他确切的身份,与之相关的资历、信用、口碑。

通过搜索，你可以了解对方，于己，避免交往的风险；于他，找到交集，利于交往，同时避开对方的社交禁忌，不至于你一开口就触到对方的雷区。

现在，具体来谈一下搜索方式：

1. 你可以通过介绍人、中间人进行了解。

如果你和陌生人之间的交往，从线上开始，有中间介绍人的。

主动加对方之前，需要让介绍人向对方先打个招呼，同时，无论是主动方还是被动方，都可以向介绍人了解下彼此的信息。

性别、年龄、职业、性格，再深一点，对方的爱好、禁忌。

举个例子，尤其在大城市，一个人结婚没结婚，有没有男女朋友，有没有孩子，都是隐私，因此，如果想深交，我们有必要在一开始就要了解大概，避开禁区。这一点，不仅在微信社交中适用，也同样适用于其他场景的社交。

2. 你可以通过相识的平台。

如果，我们在某个平台相识，加了微信，或者微博，或者一个论坛，或者一个单位。在相识的平台上，对方留下的各种痕迹，非虚拟的环境中，他留下的口碑，就是你了解他的窗口，也是之后有话可聊的"聊点"。

3. 你可以通过搜索引擎。

平台上，真实环境中，找不到交集，没有可搜集的信息，就可以用各种搜索引擎，搜一下对方的名字、网名，或者单位名+名字，学校名+名字等等。信息时代，一个人干了什么，有过什么成绩，打过什么官司，和谁有过纠纷，细心搜索，搜索的路径对了，基本上都有收获。

4. 你还可以看对方的朋友圈，再做一个大概的了解。

看一下对方的朋友圈，往往更直观。一个人喜欢晒什么，晒的频率，流露的情绪，都是有效信息。

做好了信息搜集工作，做一个初步的判断、汇总、分析，心里有个大概的谱，你就可以去加对方了。

然后，添加时我希望你可以发送明确的验证消息。

所谓明确，就是谁介绍你的，你是谁，找对方做什么。也就是说，有具体的社交目标。

有一个模板，你可以借鉴："问候语+姓名+身份+事由"。

注意，身份和事由是相关的；如果身份交代得很清楚，事由可以省略，因为它已隐藏在你选择性介绍的身份中。

比如，A公司的小B离职了，你是接替他的小C。你发给客户的验证消息就是"您好！我是小B的同事小C（或我是A公司的小

C），以后由我和您对接工作"。

比如，你就是想结识对方，"我是你高中同学某某的初中同学"，"我是你的粉丝，我想认识你"，或者，在一个小学家长群，"我是某某同学的家长"，言外之意是，你的孩子跟我的孩子一个班，以后可以互通消息，及时沟通，这些都是明确的验证消息。

还没出场，就已出局的验证消息，我们也来参考下：

有些验证消息短短几个字，却加了花式繁多的标点，缀满火星文，让人如坠云里雾里。

有些验证消息，像骗子，"我叔叔叫我加你的"，那么，你叔叔是谁呢？

还有毫不客气的，"某某，加我下"，没有理由，没有来头。

这些都不是明确的验证消息。

这里我要提醒你一下，关于群添加。

通过群添加时，在群里@一下对方，作为礼貌和提醒。

在几百个人的大群里，群里的人有生，有熟，有些人一辈子也不会有什么交集，你忽然去加一个人，或被一个人加，没有指向明确的验证消息，成功率都不会高。

因此，如果在大群，而不是三五个人的小群，或特殊场景，如在一个项目的对接群里，彼此没有信任和背书，你想加一个人，对方如果设置了禁止群名片添加，你最好在大群里@一下对方，提示并解释你想和对方成为微信好友的原因。

此外，设置禁止群名片加人的人，一般来说，不是针对你，只是他不愿意被无关紧要的人打扰，你除了在群里圈一下他，事情紧急时，还可以把他的群名片调出来，单独加他的微信名，未必会失败。

所以，明确的验证消息可以给对方足够的安全感，让对方欣然通过你的验证消息。

最后，在第一次交谈时，你要很得体地称呼对方，明确告诉对方你的社交任务是什么。

开口时，你要选用合适的称呼。

你们作为陌生人，初次和对方建立联系，要看彼此的身份，你们的关系，在什么场景下相识，为什么事沟通，事情发生的场景。

最保险的称呼是职业化的 "某某老师" "某某经理"。

举个例子，一个公司的老板，五十岁，他的网名叫"黎叔"，你是刚入职的下属，开新员工见面会，会后，你们互加了微信，在微信中喊"黎总"还是"黎叔"？当然是前者。

初次交往，宁愿过于正式，过于隆重，也好过不慎重，让人觉得唐突。

得体的称呼也可以是昵称、花名。

在一个环境中，大家彼此之间称呼对方都是花名。有的公司甚至形成制度，新人必须起一个外号，免去公司内部职务、等级带来的严肃感，增加彼此之间的亲和感，这时，你当然可以喊别人花名。

如果想表示对对方的尊重，可以在花名后加尊称。

一个女孩，因为眼睛特别亮，眼珠子像豆子一样，外号叫"豆豆"。在全部叫花名的公司，你是她的实习生，喊"豆豆老师""豆豆姐"，更显恭敬。

对方可能会明示，"你喊我什么什么就好了"，或者在对方默认、大家通用的情况下，你也可以直呼对方的名字。

开口时，你还要很明确地告诉对方你是来干吗的。

如果主动加人，在开口前，就想好具体的社交任务，在问好、打招呼时，把要做的事儿，需要对方配合或解决的，一口气说清楚。

如果是被动被加，对方明确了社交任务，你需要在回应问候的同时，直接就具体的事进行回复。

如果，没什么具体的事，大家只想交个朋友，留个联系方式，只需寒暄。想多聊几句，就根据搜集的信息，找出交集，根据交集继续交谈。

这样，你便顺利地完成了和陌生人的初次交谈，并且给对方留下了很好的第一印象，为之后交往提供了可能。

在你们结束这次交谈后，三个动作让你自己方便管理新好友。

这三个动作是：发名片，加备注，设权限。

动作一：发送电子名片。

为方便今后再联系，最好将自己的联系方式、工作单位等信息编成一张电子名片发送给对方。

动作二：设置备注。

将对方的信息简要存在对方的微信名中，或在备注及标签中标明。

如："李丽·百度公关""韩梅梅·摩根财务"。

动作三：设置权限。

一个人是不能看你的朋友圈，还是能看的？能看哪一类？一开始就设置好。

提醒一下，某一类朋友，设置的权限要一致。进入一个陌生环境时，你同时加的人设置的权限最好一致。除非他们中的某一人和你的关系与他人不同。

举个例子，我就曾遇到过，一位男同事，在上班第一天，加了一个办公室所有人的微信，包括领导的。但独独领导不能看他的朋友圈，这个细节，第二天就被领导发现了，因为男同事午饭归来，办公室里的人问他，某某馆子今天真的免单吗？

原来，他抽中了该饭店的霸王餐券，还激动地晒了晒朋友圈，其他人都看到了，这时，领导发现自己只能看见男同事朋友圈上一条淡淡的灰线，虽然不至于为此发火，可是怎么也无法对男同事有更深的好感了。

这就是管理新好友的三个动作，方便你们今后的交往。

温故而知新：

好，我们这一节就到这里，第一章的内容也结束了。

回忆一下，在第一章中，你学会了如何加上四种陌生人，并且如何通过打造优质网络形象，顺利地和对方开启交谈，完成自己的社交目的。

下一章，我们将进入第二模块，学习如何从认识一个人到熟悉一个人。

从认识到熟悉

CHAPTER 2

私聊如何开场

在上一章中，我们主要讨论，怎么加上一个人，从0到1。这一章，我们来谈谈有了1之后，你和你的微信好友，渐渐熟悉了，如何维护关系，有哪些社交礼仪？

我们将从私聊、群聊、朋友圈更新、仪式感的创造和隐私保护几个方向来谈。

第一节，我们来看私聊中，如何开场，更得体、更高效。

从"开始"开始。

一、怎么称呼？

在与陌生人的沟通中，我们就提到了称呼。其实，和人初次交往，只要合乎情境，别人怎么喊你怎么喊，把具体的事对接好，大体不会出错。但是，渐渐熟悉了，在微信上能经常说几句话，朋友圈也能互相点赞、评论了，熟，就会越界，"界"这个词，在心里会越来越模糊。"人生若只如初见"，是千古不变的道理，刚认识时，彼此建立的好印象，往往禁不住日复一日的消磨。那么，我们应该怎样去称呼一个逐渐熟悉的人，显得既亲密又得体呢？

1. 在人际交往中，一般意义上，对的称呼包括：

（1）合乎身份、职业的称呼。

（2）合乎彼此关系的称呼。

（3）合乎场景、环境的称呼。

（4）被称呼的人想得到的称呼。

2. 在微信沟通中的称呼有以下特性：

（1）网络化。

"亲""亲爱的""美女""帅哥"等，都是互联网通用语言，相对来说，比较活泼，也有助于拉近距离。

（2）一对一。

也就是我们在开篇中说的，微信沟通的特性之一，"私密性"。大部分沟通是你和对方单独进行的。一对一，增添亲密感，但也更容易产生过分亲密的幻觉，失去分寸，忘记你们之间的关系，导致不恰当的称呼。

（3）更公开。

你说过的话，你们之间说过的话，即便一对一，也随时能够截图流传出去。根据六度空间理论，也许世界上某个角落，你完全想不到的人，也会知道那些与你有关的信息，包括称呼。

举个例子吧，更明显些。

一位电台男主持人，被指控性骚扰。证据是，他深夜给节目实习生发的微信，全部用"宝贝"开头。男主持人已婚，实习生也有男朋友，举报的人正是其男朋友。主持人感到很委屈，他对所有人的称呼，在微信上，都是"宝贝"。然而，你这么认为，别人可不这么想。

我们对渐渐熟悉的人，还要加上几点——

（1）正式场合用正式称呼。

私底下的称呼，非正式的称呼，不要拿到公开场合、正式场合，比如，谈公事时。

（2）称呼要及时更新。

过去的称呼，是否适用于现在，要仔细掂量。

（3）明确对方的禁忌。

尤其对方已经明示"不要喊我什么"。

比如，你在学校喊一个胖乎乎的男生"胖子"，毕业后兜兜转转你们在一家公司遇见，成为同事，胖子还是你的间接上级，除非对方也喊你外号，否则，你照旧喊他胖子，就会让他不快。

比如我，一个朋友一直喊我"林特"，这是她对所有三字名字的人的亲密称呼，就是省掉一个字。终于有一天，我对她说，不要再喊我林特，因为历史上有一个贪官就叫林特，是被凌迟处死的，我觉得不吉利，这就是我的称呼禁忌。

又比如，在众多网络称呼中，不得不提的是"宝宝"，有人自称，也有人这么称呼别人。

什么时候可以叫对方"宝宝"，什么时候又能自称"宝宝"呢？

这其实涉及亲密称呼背后，微妙的人际关系。

在一个环境中，如果大家都互称"宝宝"，成为一种流行文化，你当然可以遵从。

如果没有形成默认的规则，就需要摆正自己在环境中的位置，衡量你与网络那边的他之间的关系。那么谁能主动拉近距离呢？

答案是：上对下、资历老的对资历浅的可以称呼"宝宝"，反过来，就不可以，如果你自称"宝宝"还会显得不够尊重。

也就是说，对于建立业务联系的甲乙方，乙方自称"宝宝"，不可以，因为不够正式。

以一个团队共建一个项目为例，领导者夸赞队员时，用"宝宝辛苦了"，可以增添亲密感，拉近距离，增添领导者平易近人的感觉；但领导者布置任务时，队员尤其在不太熟、没有任何私交的情况下表示："宝宝觉得任务太多了呢！"这就不合适，因为职场不是撒娇的地方。

好，我们说完称呼，来看开头。

二、什么样的开头最受欢迎?

不用我说，你也知道，好的开头，意味着成功的一半。微信中所谓好的开头，就是圆满完成我们的社交任务，将具体的事对接好，树立良好的个人形象，及维护好关系。

听几个开头:

"在么?"

"睡了吗?"

"忙吗?"

"你在干吗?"

很熟悉吧。

这种试探性的无效提问，如果不是暧昧期、发展期的男女相互关心，流露出的都是爱意，那么便是没话找话，只会浪费彼此的时间和精力成本。

以上开头大多得到的回复是:

"不在。"

"有什么事。"

"忙，有话快说。"

"不在，干吗？"

或者，干脆不回答。

这些开头，让人无话可答，乍一听，还会心里忐忑：我说在，你就要找我借钱吗？

来总结一下，微信在私聊中，好开头的特性。

如果是陌生人刚加好友，我们当然要先自我介绍，然而已经有过交往的人，在进入主题前，只需要简单问候一下，有正事，早说，不要绕很久。

就具体的事而言，称呼对、问对人、语气好、态度对，问的时间、时机对，对事实交代清楚，清晰交代聊天的目的、要解决的问题、希望对方怎么办，同时做好对方能及时回复还是延时回复的预估。

如果没有具体的事，就是想没话找话，恢复联系；或很久没有联系，突然为一件事做沟通，两者都需要一个过渡。这个过渡可能是某个场景，某个画面，某个由头，让你想起对方，把这场景、画面、由头告诉他，谈话自然而然就能展开。

我们用案例来展现就会明白。

我需要录音，我需要一个专业的录音棚，我知道小白曾在一家知识付费公司工作过，虽然已离职，但他总比我认识相关的人要多。

"小白，你在前公司工作时，有没有合作的录音棚？联系方式
可以给我吗？另外，提前多久预约？价格多少？"

这是标准的就具体事的开头，是对的开头。

下面说一个错误的开头：

8月中旬了，我的孩子想参加一个旅游团，旅游团是十人成
团，但现在还差两个孩子。

我挺急的，此刻是周一上午九点半，我想起我的朋友苏先生，
他的孩子和我的孩子差不多大，于是我发消息："苏先生，我们的
孩子一起去夏令营吧，时间是下周三出发，共计五天，费用是2000
元，目的地是苏州。"

话没毛病，但开头不对，因为问的人、时间和时机都不对：周
一上午九点半，是公认工作日最忙的时候，很少有人会及时回复
你，除非是全职妈妈，那么，苏先生显然不是；此外，8月中旬，
该报团的都报团了，此事成功机率不大；更何况，如果我做点功
课，在苏先生的朋友圈里仔细查看，就会发现，其实他的孩子还在
厦门奶奶家度假。

很久没有联系，我也没找到机会和老同学小郑恢复联系，似乎
无处下口。

现在，我到台儿庄了，忽然想起，小郑是军迷，台儿庄战争就
是他跟我刚认识时讨论过的话题。

于是，我拍了一张台儿庄下雪的图片发给他："郑同学，我到台儿庄了，赶上这里下雪，想起你我那时围炉夜话酣谈酣战的好时光。"

这也是对的开头，因为找到了过渡，描述了场景，有具体细节，忽然联系，不是尬聊。

我甚至遇到过一个广告公司的设计，为了催乙方对海报的反馈意见，他这么和甲方说："天色已晚，绯红的晚霞铺满了天，我回家的路上，想起我们的海报，颜色和它好像，你觉得呢？"

这是有趣的开头。

是的，你必须有个由头，才好轻松开始一场愉快的对话。

我因为什么事、什么人想起你，你发了什么朋友圈，我觉得有话要说，要一对一告诉你，对了，还有件事想和你沟通，以及你最近有什么近况、新闻可以分享吗？

这些都是由头。

好了，我们在这一节中，讨论了在线上社交中，和渐渐熟悉的人聊天如何称呼，怎么开场。

有一个秘诀：**最重要的谈话只有一次机会，最重要的电话是需要打草稿的。越熟的人，越可能是你的重要社交目标。**训练得体的习惯，习惯成本能，泛泛之交，不会出错，重点交往的对象，只要

用心也不会特别费劲。这个秘诀不止适用于线上，只要运用好了，
在沟通这件事上，你，畅通无阻。

想一想：

你最得意的一次开场是什么？

"收到请回复"：线上社交的沟通礼仪

这一节，我们开始讲线上社交的具体礼仪。

在本章一开头，我们就说过，想要在熟人社交中留下好口碑，必须养成良好的沟通习惯，事事有回应，件件有着落，如何做呢？

我们首先来看回复的速度。

一、回复的速度

1.识别哪些消息是需要及时回复的

以下三句话，你认为哪句是需要及时回复的？

（1）Mary，忙吗？有事麻烦您一下，我们公司的微信公众号，下个月中旬想做一期公司成立五周年的相关内容，想约您写一段对我们公司的祝福和期盼，50到100字左右，另需要一张您的照片。

（2）Mary，下周去重庆的行业会，您参加吗？行政开始订票、订酒店了。

（3）Mary，两点我们开个电话会，好吗？我把项目有关的人都拉到一个群里。收到请回复。

现在离下月中旬还很远，你虽然不至于到下月中旬再给人回复，但一天中，最忙的时段，这样的信息是可以暂时不理的，等闲了、空了，再拿出一个完整的时段，五分钟、十分钟，专门回复这些不太着急的信息。

而下周就要发生的事，行政马上就要确定机票、酒店的事，显然，更迫切地需要你的及时回复。

至于两点钟的电话会，你肯定不能到一点五十九分再答应，你最好秒回，如果在线。我们已经说过，遇到"收到请回复"这种提示，一定要回"收到"，不要让对方过分等待，陷入沟通黑洞。

有一句话："秒回的都是天使；不能秒回的是折翼的天使；不回的，是脸朝地的天使。"可见人们对及时回复的渴望。及时回复也说明了一种态度，在职场，表现的是协作精神、为人靠谱；在私人场合，表现的是我对你每一个微小要求的尊重。

2. 延时回复，需要解释

当然，我们没有那么多时间耗在网上，精力也不够让我们重视每一个人。

根据"先紧急，后重要"的办事原则，我们在和人的沟通中，首先要做的是识别这件事是否需要及时回复，然后完成它。若实际情况有困难，或忽略了，没有做到及时回复，必须在回复时，言简意赅地向对方解释、道歉。

3. 读懂对方的回复速度

（1）识别与对方沟通的最佳时间

注意一个人什么时候能秒回你，什么时候会过很久回你，便于捕捉你和对方沟通的最佳时间。

比如，周三下午四点，我给大白发消息，他没回，事后他解释，每周三下午四点，公司都会组织业务学习，这时，公司会聘请业内专家来给大家上课，所有人都关掉手机。好，那之后，我就不会在周三下午四点，去问大白一件非常紧急的事，或者提前，或者推后。

关于最佳时间，我给你几个提示：

我们做事时，通常有两个黄金时间：一是外部黄金时间，当一件事不止和一个人对接，需要走好几个程序，和不同部门、岗位的人打交道，人财物力齐备，事情才能顺利、快速推进，这个时段是外部黄金时间。二是内部黄金时间，即一个人一天中最好的时段，脑子最清醒，身体没有什么不适，心情比较愉悦，适合交谈、做事。

因此，尽量不要在周一上午、月底、年底、放假前一天，以及对方重点提示的时间，和人沟通重要的问题，因为对方不是工作忙，就是忙着去度假，不是做事的外部黄金时间。

不要在公认的休息时间去沟通工作，那不是对方的内部黄金时间。

什么时候谈什么事。工作日谈工作的事，非工作时间起码不是黄金工作时间，这时再去沟通私事才合适。

（2）识别与对方沟通的黄金话题

一个人对一类问题及时回复，并讲得滔滔不绝，还总有继续谈下去的兴趣，这就是你们之间的黄金话题。

而那些迟迟不想回复，你得一催再催，强调紧迫性、重要性，对方才勉强回复的，显然，他对此不感兴趣，甚至是他的禁忌。

说点小心机吧，我们在这一节的开头提到的大白是个工作狂，隔壁办公室的小丽对大白有好感，可是聊什么呢？所以周末在家，小丽都会在线上向大白请教工作，大白又好为人师，不知不觉，沟通多了，交往也就多了。

看，工作狂的兴趣点就是工作，小丽抓住了大白的黄金话题。

（3）识别对方对你的真实态度

一个人一直不回你的消息，拖很久才回你的消息，你发现他在群里却在正常聊天，还发着朋友圈，还给别人的朋友圈欢乐地评论着，他对你，对你想沟通的问题，什么态度，什么想法，可见一二。

二、关于具体事件的回复

在沟通中，关于具体事件的回复，有几个原则：

1. 原因很长，先说结论

问你"行不行"，先说"行"还是"不行"；问你"好不好"，先说"好"还是"不好"。然后，交代原因；无关紧要的原因和情绪最好不交代。

2. 表述核心内容，提炼有效信息

一件事是否能先用一句话梗概说清楚，然后细致且层次分明地解释？

3. 明确诉求

如果是提要求，需要明确告诉对方："我希望你做什么。"面对对方发来的一长串消息，你只要搞清楚一点，"需要我做什么？"直接问对方这个问题。

4. 复杂的事，拉清单

可以用1、2、3、4分点一一说明。

5. 如果回复很长，要分段，一段为一个完整的意思

这样，会显得你深思熟虑、头脑清楚、逻辑性强。但要注意，不要一句一句地发，一个词一个词地发，如此，会表现出你思绪的凌乱，不具备一次性说一个完整意思的能力。

6. 减少语气词、不必要的表情、无谓的重复

7. 方便识别、收藏

比如，有人问你的地址、银行账号。你就在一条信息中给他完整的地址或账号，而不是姓名一句、地址一句、邮编一句、手机号

一句，要知道，如果对方要给你发快递，他还是要把关于地址的四句粘贴到一个文档里，才好发，银行账号一样。

又比如，和有时差的人沟通，把你的时间和他的时间备注好，"周二下午三点，您那边的晚上八点，我们再碰下？"

三、关于非具体事件的回复

非具体事件也就是我们所说的，为维护关系的沟通。

某个故人旧地重游想起你了，向你问好；一个朋友看场电影，想和你分享。我们要做的就是回应对方的善意和他的情绪。

如果你想维护关系，想让回应更有人情味儿，可以这样：

1.让句子更长点；

2.让细节更丰富；

3.多几个来回；

4.有几个关键词，只有你们知道。

一件事，我可以说"哈哈"，也可以说"哈哈哈哈"，分明后者更让人觉得你更投入，是真心开心。

故人旧地重游想你："我现在在某某大厦，旋转餐厅。"你与其回"哦"，何不说："那家的芝士蛋糕多经典。"

四、哪些词，回复时慎用

前不久，有个消息，从新闻变成爆文。

一位刚入职不久的年轻人，在和老板的沟通中，年轻人只回复了一个"嗯"字,老板勃然大怒,要开除他,发了一长串教训年轻人的话,大意是,面对客户如果也回答"嗯",业务就没法谈了,订单也会跟丢。

是老板太吹毛求疵吗?

我认为不是,年轻人和老板之间是上下级的关系,年轻人和客户之间是乙方和甲方的关系,"嗯"只代表"我知道了",没有尊敬、恭敬,及服务意识。如果他换成"好的,我知道了",或许这份工作就能保住。

我身边的人,也有一个类似的经历。

一次,作为甲方的大白,和乙方设计师小黑就一个产品设计方案进行沟通,说完第一点修改意见,小黑在十分钟后回答:"宝宝知道了。"大白说完第二点修改意见,小黑又在十分钟后打出一个含笑不语的表情符号,嘴角上扬,唇不露齿的那种。大白说完第三点修改意见,又过了十分钟,小黑在对话框里打出两个字"呵呵"。

大白不悦,他认为小黑冒犯了他,无论是自称"宝宝",在公共场合显得不够严肃;还是含笑不语的表情符号,像是一种嘲讽;而"呵呵"俩字,就高深莫测了,大白理解小黑的意思是:"意见,你只管提,反正我觉得不对,呵呵。"

不管小黑真实的意思如何,这三句回复几乎可以构成一篇线上沟通礼仪的经典改错题。

"宝宝"我们说过了，表情我们将在本章第四节展开说，现在强调的重点是"呵呵"。

"嗯""呵呵"，这些词，是在回复，甚至整个沟通中慎用，最好是禁用的。除非你就是要表示模棱两可、不置可否的态度，一定程度上，它们会显示你的优越感。

好，我们如何判断，哪些词慎用、禁用呢？三个原则：

1. 看人物关系

我们在前面的内容中，一再强调：分寸感，分寸感。沟通，尤其熟人之间的沟通，最难把握、最需要把握的就是分寸感。

你们之间是什么关系？

是上下级，还是平等的？是俯视、仰视，还是平视？谁俯视谁？谁仰视谁？

关系决定回复的速度、语气、态度，用态度指导措辞。

一般来说，对于级别、资历、辈分、地位都高于你的人，用词简洁、恭敬、准确、委婉即可。

"嗯""呵呵"为什么不对？因为没有恭敬，没有委婉，也没有准确的信息传递。

2.看对方的语言习惯

火星文、标点符号、叠词的使用，每个人都有每个人的习惯，每个人的理解也不同。

我们可以通过观察，通过思考，看对方是什么年龄段，什么职业，他是怎么说话的。

如果他使用火星文，说叠词，爱说"好的呢""喜欢着呢"，有"呢"的后缀，他每打一个词，后面跟俩波浪号，你也可以，反之，亦然。

3.容易有歧义，被公认有贬义的词，不用

好，这一章，我们明确了线上沟通中的礼仪，回复的速度；处理问题的沟通，怎么表达既高效又高兴；联络感情的沟通，如何更有人情味；以及判断哪些词，是沟通中不能用的。

想一想：

让你秒回的消息你通常怎么表达？打开手机，挑出三条消息。

谁愿听到你的声音：关于语音消息的礼仪

这一节，我们继续讲线上的沟通礼仪，语音消息怎么发才得体？

一、语音消息的特性

来看几句话：

"夜里十点多，因为公事，不管你在不在线上，自顾自发来长语音七八条。这就是我遇到的奇葩。"

"有人连续不断地给我发了几条五十多秒的语音，我刚把第一条语音听了一半，结果他后面的几条语音来了，导致第一条语音需要重新播放，而且对方在语音里面的废话特别的多，空白时间也比较长。"

"最讨厌的就是微信发语音和你沟通，工作中一般都使用电脑版微信登录，接收到语音还要找出手机一个个点开听，最重要的是吐字还未必清楚。"

"上班时间总是收到语音很容易心态爆炸，因为办公室来来往往的人很多，外放，扰民；不外放，还要特地去找耳机插上，很烦。"

看到这些，有没有觉得很熟悉？

微信和之前的沟通工具比，有一个变革性的功能，是可以发送语音，它让沟通更简单，无须编辑，拿起来就可以说。电话需要对方接听，而语音消息，你可以先说，对方什么时候在线，什么时候再听。语音也更能缩短人和人之间的距离，因为直接。我们不能面对面，摸不到对方，看不到对方，感受不到呼吸，声音比发一张照片更真实，因为它有温度，是这个活生生的人的一部分。

然而，我们除非经过特殊训练，除非说话前做过准备、排练过，思维再流畅、语言表达再流利的人，在非常随意的交谈中，也很难做到：不卡壳，全部用书面语表达，口语化很少，没有"嗯""啊"之类的停顿。

这些卡壳、停顿、口语化，恰恰对收听语音消息的那一方来说，是一种打扰。

高效沟通，必须明确需求，给对方结论，而不是把你思考的过程，思考中带着的情绪传递给对方。 语音消息最常见的，就是把过程、情绪和结论一起，甚至没有结论，全部传递给对方。

一件事，我们如果用文字，往往几十个字，最多几百个字就能说清楚，但用语音，一个啰里啰唆的人，一个没有言简意赅意识的人，会连发几十条一分钟的长语音。接收消息的人，如果一条一条地听，便浪费了时间，收听的也多是无用的信息，增添了情绪负担，消息多了，漏听了一条两条也很正常。

文字方便查找，语音消息则不。就拿最简单的来说，约什么地方什么时间见面，如果忘了，在几十条语音消息中，要一条条地翻，才能找到。

语音消息也无法复制、转发，因此正式性不足，带来不便。

此外，声音是一个人的一部分，你的妈妈、恋人、朋友希望听到你的声音，但关系没那么亲密的人，忽然听到对方的声音，会有一种本能的排斥、抵触，这就是为什么很多人看到发来的语音消息，根本不想点开。

另外还有场合，有声音，就会对他人有影响。我们不知道语音消息中谈的是什么，只有听完才了解，在公共场合、办公室，比如会议室，打开就有风险，不打开，直接转化为文字，许多人的普通话不过关，转化出的文字不是个个字都准确，还得让接收的人猜，又人为地增加了负担。

总结一下：微信语音，更多的是无用信息，不方便接听，不方便查找、确认；正式性不足，无法复制转发；浪费时间，容易被忽略；关系不够亲密的人之间，还觉得是冒犯。

二、发语音消息，该注意些什么？

1. 能发文字，不发语音。

2. 工作时间、工作场合尽量不发语音，也不外放语音消息。

3. 如果一定要发，先解释原因，或事先征求对方的意见。

你可以这样说："对不起，我们语音消息沟通，可以吗？我现在正在开车，不方便打字。"而这句需要先打出来。

我曾遇到一位名编剧，今年夏天，她原创的一部亲子教育题材的剧成为社会热点。我受一家杂志邀请，采访她。我本想用电话采访，在微信上用文字给她发出消息，她回道："我有社交恐惧症，面对直接抛过来的问题，会怯场，会脑中空白，打字又很累，不如你用语音消息提问，我来回答。"

这就非常得体。

4. 一定要发，想好了再发，言简意赅，避免语言口语化，以及"嗯""啊"之类的语气词，和一句话反复重复。

5. 不发长语音，不连发。

再复杂的故事，都能用一句话梗概说明，只有前因、后果、过程才要长篇大论，实在要发，请发梗概吧。

6. 彼此默认。

如果你和一个人长期以来一直都用语音消息沟通，彼此默认发语音消息，不是对对方的冒犯，已形成习惯，那没问题，可以继续。

或者，对方先给你发来了语音，这意味着他也能接受你用语音回复，起码此时此刻的场合是合适的。

7. 衡量彼此的关系。

在默认中，我们说了，对方先给你发来语音是一种信号，但这种信号是建立在彼此关系对等的基础上。

关系不对等呢？上级对下级、甲方对乙方、资历深的对资历浅的都是不对等。在关系中，明显高一级的人可以给低一级的人发语音，而反过来就不合适。还是那句话，除非情况紧急，如你打不了字，你急需表达时，其他情况下都建议发送文字。

还有一种对关系亲密度的衡量标准：谁愿听到你的声音？

一个妈妈告诉过我，晚上九点以后，孩子睡着了，她躺在床上，点开大学宿舍的群，和昔日的室友们一起吐槽、闲聊，大多是谈论各自家庭、职场的烦恼，她们用语音聊，瞬间回到十年前的卧谈会，很亲切，很放松，关键是大家的声音都没有变。

声音很私密，是一个人的一部分。

因此，想拉近距离，比如，你暗恋隔壁办公室的工作狂大白，在聊完工作的闲暇时刻，在非工作场合，在诸多文字消息中，可以发一两句语音消息。这是一种试探，也是信号的释放，看一看，他是否对你的声音排斥，如果不，甚至他也回你一两句语音消息，也许这是你们亲密关系的开始。

但对方一旦有迹象，对你的语音消息反感，还是退回原点吧。

三、面对对方发来的语音消息，你能做什么？

1. 关系对等的情况下，不想听，可以直接告诉对方，我不方便或不喜欢听语音消息。

我甚至见过有的人，微信的签名档就是"不听语音消息"，非常棒。这样的明示，表现出不针对任何人，这就是我的习惯，人们看到这一点就会自然而然撤销发语音消息的打算，减少了你的负担。

2. 面对长语音，有个技巧，先听最后一条，因为前面交代的可能只是情绪和过程，人们总会在最后一句，说出结论。

先知道结论，再思考下有无丢失最重要的信息，然后再往前翻或提问，这样比一条条听，节省精力，节省时间。

和语音消息一样，语音通话亦如是，沟通前，先文字确定下"可不可以？""什么时候方便？"

一言不合发语音通话，不礼貌，成功率也不高。

如何得体地使用网络表情

一、网络表情是数字时代的肢体语言

网络的出现，改变了人们的沟通方式；网络表情的出现，改变了人们的语言习惯。

我们通常说的网络表情，包括表情符号和表情包。时至今日，大多数人，在线上交流，已经把表情当作另一种语言，离开表情，表达总觉得欠缺点什么，甚至有一种说法，因为人和人之间的联系越来越方便、快捷，视频、音频随时能通话，表情、文字随处能发送，所以在网络时代长大的"95后"，养成了和前人不一样的有话直说的时代性格。

那么，在中国青年报社社会调查中心通过问卷网，对2000名受访者进行的调查显示，在使用微信聊天的过程中，76.0％的受访者会频繁运用表情符号。受访者最欢迎的表情符号是：

"微笑"（41.0％）

"龇牙"（33.2%）

"调皮"（27.6%）

"爱心"（27.4%）

"得意"（26.2%）

可以说，网络表情已成为数字时代的肢体语言。

二、网络表情的作用

用一个案例来说明网络表情的作用。

大白找设计师小黑要修改后的设计方案，他问："小黑，你改好了吗？"

大白在这句话后，点了一个咧嘴微笑的表情符号，这是善意而有意流露亲和力的表达，言外之意，我就是问一下，催一下，看看进度，提醒你。

如果这句话后，大白点的是一个抱拳的符号，表明的是合作态度，但也说明我正式提醒一下，其实，已经有点着急了。

而如果这句话后面，跟的是一个满脸通红、龇牙咧嘴愤怒的符号，意思就很明显了：还没改好？这都什么时候了？还要我催？

如果小黑回复呢？打一个OK手势的符号，证明知道了、改好了。打一个瘪嘴的符号，意思是收到你的消息，但其实设计方案还差点火候。

你看，同样一句话，不同的表情，会让意思完全不同。

合适的网络表情，可以让线上沟通更高效，省得解释，省得打字，即便语言不通，看表情，总能理解意思、态度吧。一些话，懒得说，一些话，不方便说，表情符号都替你说了。

在一本叫《鹦鹉螺》的杂志中，总结过网络表情的作用，我非常认同，文章说：

使用表情符号至少有三个好处：避免歧义，传达情绪，实现跨语言文化的交流。互联网有一条法则，叫"坡法则"——Poe Law，意思是，你在网上是用反讽的语气写一段话，哪怕用文字表达得再清楚，都有可能被误解。因为文字传达的信息实在太单薄了。语言是一个立体的表达系统，单有文字是远远不够的，重音、高音、声调、音量、停顿、加速、减速，这么多辅助的手段都在帮助我们表情达意。

是的，在面对面交流的过程中，我们的微表情，我们的呼吸，我们把句子拉长慢慢说，还是快速地蹦豆子似的一口气说，带给对方的感觉都不一样。线上沟通，表情就是辅助工具，辅助纯粹的文字无法抵达的效果，胜在细微处营造的气氛，**让表达更有温度和感染力**。

此外，有研究表明，一个人常使用什么样的表情符号、表情包，能看出他的性格特征，甚至年龄。

常打"捂脸"表情的人，生活中容易害羞；常用"笑哭了"表情的人，通常非常开朗，笑点低；常用"摊手"表情的人，想委婉表达：事不关己，高高挂起。

在腾讯发布的2018微信年度报告中，"00后"爱"捂脸"，"90后"爱"笑哭"，"80后"爱"露出全部牙齿笑"，"70后"最爱"小手轻拍着小嘴笑"，"60后"爱发单举大拇指点赞。

因此，怎样用表情，也是泄露你个性的一部分。

三、如何正确使用网络表情

使用网络表情既然有这么多好处，那是不是多多益善呢？并不，正确使用网络表情，要做到以下几点：

1. 用对表情。

理解每一个表情符号的真实含义，不要引起歧义，要准确传递你的情绪。比如，该愤怒时，你发的是生气脸；该表达委屈时，你发的是哭脸。初次联系的人，你献上红唇的符号，像一个吻，未免轻佻；想表达认同，但发的是含笑不语的符号，对方会丈二和尚摸不着头脑，以为你想说"我就笑笑，不说话"，有什么难言之隐。

2. 表情只是辅助。

就具体的事件，以推进、有效沟通为目的时，一句完整的信息中，有一两个辅助性的表情就可以了，太多表情，会让对方觉得你漫不经心、不够正式，用接地气的话来说：戏太多了。

3. 私聊时斗图用的表情包，不适合用在正式场合。

相对于平面的表情符号，表情包更立体，它是人们以时下流行的明星、语录、动漫、影视节目等的截图为素材，配上文字，来表达特定的情感。

这些表情包，更有趣味，也更符合网络表情个性化、有感染力的特征。有时，两个人、几个人一起闲聊，啥也不说，先发一批图，看谁的时髦，谁的新鲜，谁的标新立异，我们称之为"斗图"。私聊时，很有意思，但不适合正式场合；比如，工作群，或你向导师汇报论文进度时。

4. 恶趣味、正确性存疑的表情包，不发。

一个真实的事件：十名哈佛大学的学生因在网络社交群中聊天时，互相发侮辱性的表情包，配文涉及种族主义、反犹太主义和恋童癖，最后，他们被开除了。

我们在开篇就说过，每个人都有自己的品牌。你公之于众的一切，包括表情，都是你个人品牌的体现，不要玩火，不要给人留下一个印象：你的品性值得怀疑，你没有防火墙，你很容易得意忘形。

5. 自制表情包，视场合和对象发。

随着技术的不断进步，软件的日益更新，很多人以自己或身边的人、事为素材，自制表情包。

像语音消息一样，发自制表情包前，思考一下：我发出消息，接收消息的那个人，愿意看到我的脸吗？

衡量一下彼此关系的亲密度，掌握分寸。

举个例子，你的孩子很可爱，你用她的笑脸做了表情包，你发给同样有孩子的同事璐璐，你们平时也一起带孩子出去玩，也喜欢彼此的孩子，你发你孩子的表情包，她回一个她孩子的，这是好的沟通。

但你给一个刚刚建立联系，也许只是你注册你的小公司时，认识的银行工作人员，发你孩子的笑脸，第一，泄露隐私；第二，唐突，别人和你的关系没有进展到那一步。更不用说，和你的上级、你某件事的评委了，除非你们的关系是超越普通工作关系，还有私交，并愿意交换母亲、父亲这一身份谈各自这方面的心得，来进行交往。

6. 别人的自制表情包，慎存。

一个人发给你，自己的自制表情包，你想，既然对方发给我了，就算默认我对表情包的使用权了吧？于是，你存下来，你不仅在和对方的交流中用，还发给别人，慢慢地流传出去，其实，大多数时候，对方发现了，都会心怀不满。

但，在你和表情包主人的交流中可以用；如果对方是发在一个群里自己的自制表情包，这是默认，在这个群中可以用。

比如，大白催小黑改设计方案，他拍了一个摘眼镜、瞪眼睛的表情包，配字"还没改好吗？"。在相对轻松活泼的半私半公的工作交流群中，大白发了这个表情包，从此，每当这个群中一个人催另一个人的进度，都可以发这个表情包。

记住原则，别人的自制表情包，你存下后，可以发谁、在哪里用？

最初接收的对象，你们之间可以互用。

最初流传的场合，你在哪个群中看见的，就还能在这个群用。

除此之外，除非对方许可，否则不能使用。

最后，我们讨论一下，使用表情的两个小技巧：

1. 一个人习惯给你发什么样的表情，沟通时，你可以模仿、回馈对方。

这能保证，你们对表情的理解一致，不会传递错误的情绪、态度。

2. 你用什么表情，就会留给别人什么印象。

常用时髦的表情包，会造就你时髦的形象；常用追热点的表情包，会造就你关心时事的形象。

审美无处不在，你什么都用最美的，你的形象自然而然也是美的。

评价一个无时无刻不用恶趣味头像、无厘头网名、屎尿屁表情包的人，得到的来自各方面的评价离这些信息也不会远。

想一想：

你最常用的表情是什么？聊天时，对方发什么样的表情最容易取得你的好感？

温故而知新：

总结一下，本章我们学习的是熟人的微信社交，维护关系，为了具体的事推进，树立良好的个人形象，有边界感，又有好口碑。本章我们主要谈的是熟人之间一对一的线上沟通，下一章，我们来谈：一对多的，群的礼仪和朋友圈的维护。

一对一，是沟通力；一对多，是影响力。如何加强、扩大自己的影响力？如何从弱关系变成强关系？我们下一章见！

一对多的线上沟通技巧

CHAPTER 3

群的礼仪

一对一，考验的是沟通力；一对多，造就的是影响力。

谈完了线上沟通中的私聊，接下来，我们继续探讨线上沟通中，一对多的群聊。

这一章有三小节，分别是：群的礼仪；如何利用微信群高效工作；如何用微信群打造属于你的生活秩序。

我们先来看，群的礼仪。

首先，你要先管理好现有的群。

因为过多的群会成为负担，如何合理地增、删微信群，已经成为让很多人都头疼的问题。

一个朋友曾对我说，他的微信里有两百多个群。大多是被动加的，被人拉进去的，不好意思拒绝，当然，也不好意思退出。

但"需要"和"有"是两个概念。那些你从不发言的群，那些

你设置消息勿打扰的群，那些@了你，你未必看一眼的群，你只是
在群里，其实你的存在感很低；那些群，在你心中的存在感也很
低。

你要把你所在的群进行梳理、管理，毕竟，人的精力是有限
的，人需要朋友，但也不用和谁都成为朋友。

管理现有的群，具体来说有四个步骤。

步骤一：根据时间维度厘清自己所在的群。

一个人所在的群，从时间的维度来看，分**过去、现在、未来**。

即，因过去的某段经历，沉淀下来的故人群。比如：校友群、
同学群、前同事群，等等。

符合现在的一些具体诉求加入的群，比如：公司群、同行群、
项目组群。

为获取某些信息和帮助，未来可能有用的群。比如，我加入了
一个"丝路研究"群，因为，我想写一本和"一带一路"有关的小
说。我的一个师兄恰好是这方面研究的专家。虽然我不是研究者，
当我告诉他我的创作计划时，他顺手拉我进群，我没有拒绝。我有
时看他们聊天，关注他们发布的信息，我很少说话，但这个群，是
我需要的。

你看，不管你有多少群，都可以先根据时间维度区分清楚。

步骤二：明确自己的身份，绘制人际关系地图。

从身份的角度来看，一个人的群，是他身上复杂社会属性的分类。

我们每个人都有一个在组织中的身份：学龄前，你是某某人的孩子；之后是某校的学生；走向社会，是某个单位的职员。

除此之外，你还有其他身份，是他人的亲属、恋人、朋友、同学、同事。

当然，你还是你自己，是一年读100本书的坚持者，是某项运动的爱好者，是正在参加21天减脂计划的践行者。

于是，工作群、家人群、家长群、业主群、代购群、"周末就跑马拉松"群……这些不同的群，哪个你高频次出现、常发言、时刻关注，就说明在众多身份中，你最核心的身份、自我认知最强烈的身份是什么。

你只有厘清自己的身份、诉求，在广泛的社会关系乃至人生地图中，清醒地认识到，你在哪里，你要干什么，目前最重要的是什么，搞明白需要什么样的朋友、什么样的群……由此，推演在不同的群中，你的角色是什么，哪些动作是合理的？

这就是**人际关系地图**。

步骤三：根据自己的诉求，决定对群是增还是删。

群就是圈子，一个人线上需要什么样的群，线下就需要什么样的圈子，都来自你对自我的认知。

过去对你是否重要？牵涉到你要不要在校友、同学、老乡群中花很多时间。

现在的具体诉求是不是都满足了？目前的群是不是可以删减一些、合并一些，还是要另组一个群，群中再拉几个相关的人，让事情更好推进？

未来你可能会变动工作，变动城市，你的孩子可能要幼升小、小升初，你明年想装修下房，为了掌握更多的信息，你是不是可以刻意去寻找一些这样的群？

一些群，对我来说，动辄刷新近千条消息，我的手机都快爆了，总是有完全没关系的人加我，我验证过几次，发现这些人全是向我推销各种产品，以及需要我投票、点赞的，这一类群，对我来说，没有价值，只是负担，我会把它们删了。

根据对自己的认识，根据对生命中相关事务、自身角色的优先级排序，管理现有的群，决定保留还是删去。

步骤四：明确角色，合理配置时间、精力和动作。

经过管理，剩下来的便是你心里明白要重点关注的群，再根据群的属性，明确加群的目的。

比如你通过查看群名片，或看群的核心成员、大家聊的话题，就能明白这个群是干什么的。

那你加入这个群的目的是什么？是拓展人脉，还是搜集信息？是让事情推进，还是闲聊、叙旧？

明确目的后，就可以明确角色，根据目的、角色，合理配置时间、精力和动作。

群里的每一句发言，你是不是都要关注？每一个提问，你是不是都要回复？与手上正在做的事相关的群，和最重要的"你"相关的群，你是否都要随时关注？

举个例子，我今天在写我们这个课程的稿子，时间很宝贵，精神需要高度集中，今天，我只回复了两个群的消息。第一个，本课程的工作群，第二个，我孩子所在的班级群。

同行群，你的动作应该和行业有关，聊业务，聊行业新闻，聊八卦，也最好是业内的，谈家长里短，就不合适。

业主群，你的动作应该和小区、共有的环境有关，聊社区活动可以，对物业谏言可以，聊太多其他的，就不合适。

一个和爱好有关的群，比如，剧本杀群，线上、线下都可以约着去厮杀，你在这里发布"每天要做的三件事"等鸡汤文就未免找错了地方。

更或者，你进了一个都是大咖的群，你的领导也在群里，你的角色最好是做默默鼓掌的那个人，做好小透明。别人发红包的时候，你抢就可以；过年过节，大家问好的时候，你也问好，其他时刻，就做好听众。

通过这四个步骤：厘清现有的群，绘制自己的人际关系图，根据诉求对群进行增、删，以及在重点群中合理配置自己的时间和精力，你就可以管理好现有的群。

管理好自己的群后，我们再来看群的基本礼仪。

国有国法，家有家规，群也有群的礼仪。再强调一遍：群，就是圈子，你在圈子里的表现，涉及教养、礼貌、口碑、形象等。

总结一下，四个原则：

1. 不要随便拉人。拉人前，要询问当事人及群主的意愿。

一个群，如果是你建的，拉人之前，要问清楚每个人，愿不愿加入，说明这个群是做什么的。哪怕你组建的是一个美食团购群，在群中分享各处的优惠券，经常组织团购，也要咨询下你认为可能加入的人，不要想当然认为对方愿意加入。忽然被拉进一个集体，任谁都会觉得被冒犯了。

而涉及工作，就更要礼貌地说清楚了："这件事，我觉得财务来跟您对接会更方便，我来拉一个群吧？"

同时，不是你建的群，拉人进来时，要征询群主的同意。我就见过一个群，群员随便拉人，最后群主干脆解散了群，他也觉得被冒犯了。

2. 遵守群规。

一些群是有自己的规定的。

比如，我孩子所在的班级群，老师严格规定，不许闲聊，本群只是发布学校的相关通知，如无"收到请回复"的字眼，那么连"收到"两个字都不需要说。

如果群里有人闲聊了，马上就被老师发出"敲黑板"的表情，以示提醒。

又比如，我在的校友群，进群必须改名，格式为"真名+入学年份+宿舍楼号、寝室号"，为了方便校友们识别；进去还必须发红包，作为新人见面礼。如不遵守，先警告，接着会被清理出群。

再比如，一个"每天运动"的群，要求群员每天晚上要提交今日运动数据，你或者跑了一个小时，或者肩颈运动半小时，又或者跟着某个运动App做了15分钟的塑形活动，总之，必须提交，三日不提交者，就会被踢出群。

遵守群规，不仅是对一个群和群主的尊重，还能体现出一个人的规则感。在现代社会，没有规则感的人，让人害怕，于人于己也会带来很多麻烦。群规是不是规？窥一斑见全豹，连群规都不遵守的人，规则感也不会太好。

因此，引申一下，如果我们自己来建群：第一步，拉人；第二步，讲清规则，即群规。

3. 相似的群慎重退。

我们常常会加入很多群，有时群和群是重复的，A群的成员和B群的几乎一致，只有百分之十的区别，根据我们前面所说的管理群的方法，是不是重复的，我就只保留一个，其他都删了呢？

不是，无效的群，构成骚扰的群，可以删。

功能相近的群，可以减，只保留一两个，比如美食群、跑步群、读书群。

但以联络感情、维护关系为目的的群，相似的，慎重退。因为，这样的群，有时是不同的人组织的，你进了A的群，退了B的，对你来说，没有差别，对B来说，他就会想：你是不给我面子吗？对我有什么意见吗？

你完全可以只是看看，不说话，不付出、少付出时间和精力。

4. 所有的群都有寿命。

天下无不散的筵席，群也是。我们不仅要在对一个群的用处上有一个正确的期待，对一个群的活跃度也应做类似的预算。

当一个曾经聊得热火朝天，线下活动频繁的群，慢慢地没人说话了，有人退了，有人把你踢了，这都是正常的。事实上，从你加入一个群时，就要知道，你的任务是什么，你是维护关系，还是让具体的事推进，还是想结交什么同类、同行或同好，任务完成了，就可以了。

这一节，我们谈的是如何通过四个步骤管理微信群，和我们对待微信群的四个基本原则。

下一节，我们将重点谈谈，在工作群中，怎样沟通更高效、更安全、更易树立个人品牌？

想一想:

你最常说话的群是什么群?

（本节部分观点参考得到App课程之古典《超级个体》、熊太行《关系攻略》，特在此鸣谢。）

第
二
节

如何利用微信群高效工作

上一节，我们提到了微信群的基本礼仪。这一节，我们来看看在以工作为主要交流方向的微信群中该如何沟通，以及如何利用群聊获取有效信息，加强工作联系。

我们先来看工作群的沟通礼仪。

工作群和一般的群不同，涉及不同角色的人物，场合也比较正式，同时很容易把群消息刷上去而无意中忽略一些重要的消息，因此工作群对沟通的质量有非常高的要求。

总的来说，工作群的基本礼仪需遵守四条基本原则。

原则一：群中发言对接工作时，语言简洁、逻辑清晰，找对人，说清楚事。

在一对一的沟通时，我们已经强调，重要的事，要列清单。

在一对多的群中沟通，这句话要再强调一遍：

重要的事，列清单；重要的人，@他；要不要回复，什么时候回复，说清楚。

也就是说，发布消息时，谈到具体的工作，基本原则是语言简洁、逻辑清晰，能分段的分段，重要的事，用1234说清楚；由谁具体负责，@他，提醒他，也提醒相关的人，什么事找相对应的什么人。

这里给你一个标准的案例。

某单位要开年终总结大会了，办公室的负责同志在大群中发出如下消息：

各位同事，打扰了，有三件事要宣布，信息量非常大，请大家见谅，都是需要提前好久确定的大事：

一、今年的年终总结大会，定于12月30日下午两点在宝山路礼堂举行，无故不能缺席。个人总结、各部门全年总结需提前两周发往总裁办邮箱。

二、各部门推选一个代表上台发言，发言稿直接发给总裁办@李润润。

三、年终总结会结束，我们将举行为时三小时的年会，不知道大家有没有登台的意愿，或者有合适的节目，这需要占用个人一部分时间，至少要提前十天进行彩排。如有意愿，麻烦联系@王晓萌。

收到请回复。

这就是一个标准的、教科书级别的群中有关工作的消息。要干什么、时间、地点、找谁落实，一清二楚，这也是工作群中发言的基本原则。

原则二：最重要的工作群不要置顶。

我们通常会把最重要的人设为星标朋友，最重要的群、最常沟通的群设成置顶，但狗血新闻教育我们，真的有"手滑"这件事。最重要的群，群内有对你最重要的人生评委，或者是你的上司，或者是你孩子的老师、小朋友们的家长，这些你必须重视形象的小圈子，如果不慎把不雅的笑话，涉及隐私的图片，容易引起歧义的观点，哪怕是转发呢，发错了，后果，你懂的。

最重要的群，就是绝不能出错的群，宁愿每一次发消息都专门去查找。

在职场，最重要的群，当然就是和工作有关的群。

原则三：不要私聊，不要聊私。

"私"包含两个意思，私自聊、小范围聊，以及聊隐私，其带有私密性质、不宜公开的态度、情绪、观点。

先看第一层意思：

一个群，小到几个人，大到几百个人。

两三个人长期在群里私聊，相当于广场上，就看你们几个表演。

首先，是不够礼貌；其次，容易出错，为什么呢？因为长期就那么几个人聊天，你会有种错觉，以为群里就这几个人。但其实，很多大佬，同行群中的业内大佬，公司群中的大老板、高管，正默默盯着你，甚至你讨论的八卦，当事人可能就在群里，被截图，被看见，后果难以预料。

前段时间，有一部电影上映，票房表现不好，有人说，导演不好，有人说，剧本不好，还有人说，原著就不行。我所在的一个文化群，有几位看完电影就开始聊起来，大肆批评，找错。这时，忽然有人意识到，其实该电影的原著作者就在群里，一时间，群内陷入了难堪的沉默。

这例子毕竟只是难堪、尴尬。更极端的例子，发生在2019年年，一位公众人物的妻子去世了，公众人物在各种场合表达了对亡妻的思念。某网络平台的一个工作人员在五人小群里，发布了他的不同见解，他认为该公众人物不过是作秀："不就死老婆吗？至于吗？"

他万万没想到的是，这句话，被截图，被群内的其他人传播出去。上午，他在群里闲聊，下午，他就被公众人物的粉丝在网上追杀，而他所在的平台为了公司声誉，让他下班前收拾东西，明天及以后都不用再来了。

避开他的观点，单谈这种容易惹非议的话题，就不应该出现在公众场合。再小的群，都是圈子，再私密的谈话，只要能公布于众，有据可查，都有危险。

原则四：私聊时斗图用的表情包，不适合用在正式场合，语音消息最好不用。

我们在前面的章节中，提到过，相对于平面的表情符号，表情包更立体，它是人们以时下流行的明星、语录、动漫、影视节目等的截图为素材，配上文字，来表达特定的情感的。

这些表情包，更有趣味，也符合网络表情个性化、有感染力的特征。有时，几个人一起闲聊，啥也不说，先发一批图，看谁的时髦，谁的新鲜，谁的标新立异，我们称之为"斗图"，私聊时，很有意思，但不适合正式场合，比如，工作群和你向领导汇报进度时。

尤其是恶趣味、正确性有疑的表情包。

就像前文中，提到十名哈佛大学学生因发表情包被开除的例子。

因为每个人都有自己的品牌，你公之于众的一切，都是你个人品牌的体现。

此外，关于自制表情包：

前面的课中提到过，大白催小黑工作进度，用了自己犀利的眼神配上图注"你干完了吗？"作为表情包，大白也曾在小规模的工作群里用过这个表情包。

从此，每当这个群中一个人催另一个人的进度，大家都发这个表情包。这是默认，在这个群中，可以用。但离开这个群，大白以外的人，都无权将这个表情包流传出去。

至于语音消息，在工作群中，能不发就不发，如果要发，必须提前说明情况，为什么不能用文字，为什么选择语音。

好，我们谈了在工作群中沟通的四个原则，现在谈谈如何用群加强工作联系。

我给你两条思路：
一是进入某个群或有人进群时，第一时间就加人；
二是主动建群，主动加强联系。

我们先来看进入新群后如何加人。

大多数人的微信通讯录里，涉及工作的群，通常有三种：同行群，同一单位或部门的同事群，以及临时搭建的含不同部门、不同单位人员的项目组群。

你进入一个群的第一时间，或者对方进入你所在群的第一时间，就加人，就建立联系。因为，这两个时间，加人是不需要理由的，加人本身就可以看作示好、传达善意的欢迎。

用一个例子来说明。

我的一个朋友叫妍妍，她是一位快消品店的管理者。一天，妍妍因工作关系，被拉入一个行业群，向大家问好的同时，她点开了群成员的介绍，发现了许多耳熟能详的名字，其中不乏传说中的行业大咖。

于是她第一时间便加上群里的这些人。妍妍觉得这个群可以帮助自己拓宽人脉、结交更优秀的同行，还能得到更多的行业最新资讯。那些大咖，妍妍认为能和对方加上微信，能看看对方的朋友圈，就已经是很大的收获了。

除此之外，当你有具体的事时，在事情发生的第一时间，加人最合适，因为理由很充分。

还拿妍妍举例，在她进入这个"快消品精英群"时，加了一些人，每当群里有新的人进入，她也第一时间加了。之后，妍妍屡次遇到一些专业性的问题，她会在群中求助，会主动@她认为能帮她解答问题的人，态度友好，对方一旦作答，妍妍马上表示："我加您一下，私聊可以吗？"这样，就把握住了具体事情发生的第一时间。

在前面的课中，我提到过，有的人会设置群名片禁止添加，这可能是一种广泛的设置，并不是针对你，所以如果你有足够的理由和迫切的需求，可以像妍妍一样，在群内@对方，并解释，我为什么想加你，具体有什么事，麻烦验证通过。

或者，将对方的微信名片调出，直接加，而不是在群内添加。

除了在群内加人，主动建群也是建立联系的一种方式。

你可以组一个由你来主导的群，你来制定群规，活跃群气氛，形成你自己的人脉资产。

妍妍参加的"快消品精英群"，就是她的一个前同事，外号叫武三郎的人组建的。

武三郎建了这个行业群，每天会匀出一部分时间和精力来维护群，制定群规，保持活跃度，遇到有争端，还会拿出群主的范儿，解决、摆平。

由于不断发布行业信息，不断拉行业内的前沿人物进群，这个群，慢慢地变成了武三郎的一份个人资产，也成了人们互换信息、结交彼此的平台。武三郎原本只比妍妍在单位高一级，一段时间过去，他通过群内的消息，完成了自己的跳槽，也帮助许多人跳槽。

我们说，群就是圈子，行业群，就是精准的圈子。武三郎在这个群中，变成人们默认的大哥、大佬；作为群主，他和其他大哥、大佬没有联系的建立了联系，有联系的，升级了关系。

另外，你还可以主动拉人进一些小群，可以是成人之美，促成合作，也可以和其中一些人形成强联系。

比如，你发现身边两个不认识的人有合作的可能性，于是你提前跟他们都打过招呼，拉群介绍他们认识。在第一时间，将群中各位的情况交代清楚，大家都是谁，和你是什么关系，双方为什么要认识，是彼此能帮个忙吗，还是马上要一起做什么事，还是就交个朋友？这样你会同时收获两个人的好感。

又比如，你特别想和单位、行业内的某个人、某些人形成强联系。你们本来就认识，但没到特别亲密的地步，你可以找个合适的机会，有合适的理由，拉一个小群。从八卦谈起，每天，或隔几天，你就和你想强联系的人在群中说几句话，其实你已经慢慢在培养对方习惯你的存在，弱联系就会渐渐成为强联系。

再拿妍妍举例子。

妍妍在"快消品精英群"中，找到几位和自己离得较近的群友，她单独拉出一个小群来叫"快消品精英约饭群"，其中一位，是妍妍特别想请教的前辈宋老师。他们是同行，在一个群中交谈过，并互加了微信，有都认识的人做背书，又在同一条街上工作，这么多共同点，每天都聊几句，还时不时一起吃饭，很快，妍妍就真的得到了宋老师的指教。

这就是如何通过群聊加强联系：一是要第一时间加人；二是你可以主动建群，并运营好这个群。

好，这一节，就到这里。

我们谈了在工作群中，如何发言，有哪些要注意的，如何通过工作群，建立联系，将关系升级。

下一节，我们谈谈怎样用群帮助我们打造有序的生活。

想一想：

你在工作群中收获到的最新的朋友是谁？

如何利用微信群打造属于你的生活秩序

上一节，我们提到了在工作群中该如何沟通；这一节，我们谈谈如何利用微信群，打造属于你的生活秩序。

离开严肃的职场，我把群通常分为三类：

一、解决具体事务的群，比如业主群、家长群、团购群。

二、社交性质的群，比如家人群、同学群，以及谁还没有几个不知道怎么就聚起来熟起来总是在聊八卦的"狐朋狗友"群。

三、提高生活质量的群。这种群旨在培养一种习惯，提供某个方面的信息，为自己的爱好找到出口，找到同类，等等。

有一句歌词是这么唱的："让自己舒服是每个人的天赋。"清明有序又舒适的生活是大部分人的追求。

所谓有序，就是一个人按自己的节奏和需求将每一天安排好，有固定时间、固定地点、固定动作，有奔头并有计划，向这个奔头逐步推进。

微信群如何帮助我们确定生活秩序？

我们在利用微信群管理生活时，需要考虑到以下几个问题：

1．先确定要解决的问题是什么。

2．确定哪些微信群可以解决这些问题。

3．解决问题时是不是需要一些附加条件？比如是否需要许多人来配合？比如他人监督会让我们做某件事更有效？

接下来，你要做的就是，找到那个群，然后加入它。

我们先来看一个如何用微信群打造全新自己的案例。

刘梅是我的读者，我们在一次分享会中遇见。

她26岁，单身，微胖，中等颜值，生活在三线城市，在一家国企做行政工作，月薪四位数，平时乘公交车上班，以外卖为主食，偶尔加班，有几个姐妹淘，只有周末有空。

刘梅告诉我，父母给她的压力很大，她最迫切的需求是找到一个合适的男朋友，恋爱、结婚；同时，她希望生活更多姿多彩，目前的状态，一眼就能看到退休，稳定有余，而有趣、有劲不足。

刘梅对自己很不满意。她觉得她不够漂亮，身材不好，穿搭也非常随意；很久没有读书了，也坚持不下来读完一本书，没什么像样的爱好。她唯一对自己满意的是，声音很好听——有很多人说过，给刘梅打电话，都会被她温柔的嗓音、标准的普通话吸引。

想生活有劲、有趣，想成为更好的自己，可大部分时间都被困在办公室里，圈子又那么窄，怎么变？

我给刘梅的建议是：**先把所有的不满、要解决的问题都列出来，而后对号入座。**

全部列出来后，刘梅发现，她最迫切的不是要找个男朋友，而是让自己先精彩、夺目起来。

然后我推荐刘梅好好利用打卡群去解决这个问题，可以先加入自己比较感兴趣的群，强迫自己养成一些好习惯。

刘梅先加入了一个收费的减肥群，这个群要求每天三顿晒饮食，餐食有专人指点。每周晒一次体重，对比上周的。每个月晒一次三围，对比上个月的。每个人进群时，都要把现有的体重、目标体重，以及多久达到目标，标注在名字后。刘梅进群前是120斤，她打算用三个月的时间回到两位数，任务艰巨，如果不打卡，全靠自己，真的很艰难。

因为减肥要配合运动，刘梅又加入了一个每天都运动的打卡群。每个人每天无论采取什么形式，开合跳也好，肩颈活动也好，跑步十分钟也罢，总之都要运动，并要在群中发布。这个群是免费的，但如果今天没有运动，就要在群里发红包，所以也有一定强制性。

刘梅的声音好，她在网上报了个课，加入了主播训练营，为期

21天。她没有成为网红女主播的强烈冲动，但多一个爱好，就多一个能发挥天赋、发掘潜力、得到专业性指导的特长，就能让平常的日子多一些亮点。

就这样，减肥群、运动群和主播训练营，三个微信群让刘梅的生活开始慢慢变化。

减肥群里要晒三餐，就不能以外卖为主，她开始自己做饭，饮食健康起来，晒减肥餐成为她朋友圈的一个栏目，许多人为她点赞。

运动群要求每天运动，她就不坐公交车了，干脆骑共享自行车上班。

主播训练营有晨读、晚读的作业，她开始早起，早起就必须早睡，改变了过去9点上床，拿起手机，再放下已经到午夜的作息。

既然是读，肯定要读书，刘梅趁机培养了阅读习惯；结营时，要求每个学员去注册一个网络电台，刘梅也注册了，她的电台就叫"梅好生活"。电台最初的粉丝当然是熟人，熟人拉熟人，熟人的熟人一定有单身异性，电台将刘梅的优点放大，魅力尽显，她的圈子扩大了，认识异性的机会也多了。

甚至，她会在朋友圈中转自己的电台节目，到了年终，单位的年会缺一个主持人，工会的领导私信刘梅，问她愿不愿意客串下。

在主播训练营之后，刘梅养成了打卡的习惯，她继续参加的训练营包括21天穿搭训练营、二级心理咨询师考试训练营……

她甚至列出一个计划，计划中是想学的一切。

作息规律，饮食健康，越来越漂亮，圈子扩大，有拿得出手的业余爱好，刘梅的生活秩序，足不出户，就悄悄重新建立了。

你看，时间少，圈子窄，总在格子间里活动，就不能换个活法吗？

把问题列出来，通过包括微信在内的所有线上手段，解决它。

刘梅通过减肥群、运动群、主播训练营、穿搭训练营、二级心理咨询师训练营的打卡学习让自己改头换面，过上更为健康、更为精彩的生活，从而收获更好的自己、更大的圈子，解决单身，解决生活乏味、没有目标的问题。

看完如何用打卡群打造全新的自己，再看一个案例，如何用微信群适应新的环境。

孙鹏，30岁，男，自由职业者，因妻子的工作关系，举家从深圳搬到了杭州。

在杭州，除了他的家人，孙鹏就没有其他熟人。孙鹏搞室内设计，在家工作。在新的居住地，他没有同事，也没有朋友，孤独成了最大的问题。

他先明确了自己的问题是什么。

于是，孙鹏梳理了自己的微信。他有几个项目的对接群，是他和社会的连接，每一天他都会在工作时间在项目群中聊具体的工作进度。

另外，他还有一个吐槽群，群中只有三个人，他和另外两个同行，他们分别在北京、成都和杭州。在这个群中他们分享生活、行业的八卦，由于都是同性，人生阶段也差不多，还会聊各自的家庭、亲子关系和各种各样的烦恼，有时候也嘚瑟自己的小成就，这是孙鹏放松的地方。

可是，孙鹏如何在杭州真实的世界里也能活得兴高采烈呢?
孙鹏从有信任基础的校友群入手。

孙鹏加入了在杭州的校友会群，并定期和他们线下聚会，借此认识了很多人。因为是一个大学毕业的，彼此都有基础的信任，这些人中还有几个成为孙鹏在杭州的第一批密友。

他还拉一个小群，组织了校友会足球俱乐部，相约每周日下午，大家集体踢一场球，可以带啦啦队，可以带小球员，也就是说，孙鹏携老婆、孩子一起去踢球，让这场健身社交活动同时也成为家庭活动，他还借此为刚到杭州的老婆、孩子找到了交往新朋友的机会。

由远及近，解决了精神上的寂寞，现实中的社交、生活的具体问题该找谁解决？近邻怎么熟悉？

孙鹏加入了很多充满了生活气息的群。

孙鹏先加了业主群、幼儿园家长群；而后在小区门口的布告区，看到了鲜花群，也就是小区内的一些家庭自发在附近的农场团购鲜花，送货上门。他扫了码，买了花，在群中，他还看见其他的和生活相关的各种消息，和其中几位明显志趣相投的加了好友，这些人和孙鹏同属于一个小区，大家是邻居，也成为互换生活资讯的朋友。

孙鹏还加了跑步群、亲子活动群。

自己的生活整理得比较顺了，那父母该怎么适应新环境呢？

孙鹏为父母建立了爱好群。

半年后，孙鹏的父母来到杭州。孙鹏知道父亲有两大爱好，一是摄影，二是骑游，就是骑自行车旅游——在老家，父亲参加过一个骑游队，还做过"头羊"。母亲呢，爱跳广场舞。除了帮助孙鹏夫妻带孩子，孙鹏的父母没别的事可做，他们对新环境的适应就更痛苦了。

于是，孙鹏帮助父亲和他过去有摄影爱好的朋友建了一个群，天南海北都可以在群中聊天，发最新的摄影作品。孙鹏找到了杭州本地的骑游公众号，给公众号创始人留言，听说有一个骑游队群，就把父亲加进去了，让父亲找到组织。周末，孙鹏夫妇带着孩子去踢球，孙鹏的父亲就和新朋友们去骑游了。

至于母亲，孙妈妈在孙鹏的鼓励下，早就在楼下跳起广场舞，孙鹏陪她完成了面对面建群，让小区的广场舞大妈们有了网上的家，孙妈妈也有了自己的新朋友们。

就这样，孙鹏通过家长群、业主群、鲜花群解决新环境带来的各种具体的烦恼；通过校友群、足球群，解决没有新朋友的社交困境；通过摄影群、骑游群、广场舞群，解决父母的孤独问题。

孙鹏的新生活就这样一步步建立起来，看似大部分的生活都在虚拟世界中完成，但生活秩序是他的。

在一个陌生的城市，他过去的朋友，过去的工作安排，获取信息，获得安慰的方式没有变，延续下来；在新的城市，他发展了新的朋友、新的爱好，近有可以打招呼、见面谈谈哪里买东西便宜的邻居，远有校友、同学。他还帮助家人建立了新的生活秩序。

好了，这一节，我就写到这里。人的生活，必须要有自己的主张、规划、逻辑、体系，才能有安全感、稳定感。人的生活，必须有其他人配合才能热闹、圆满。

今天，我们可以通过各种各样的技术手段，包括微信及社群，来管理自己、管理陌生环境、管理和家人的相处之道，只要我们肯动脑筋。

想一想：

你最迫切要解决的问题是什么？可以通过哪些群来解决？

发朋友圈时
要注意什么

CHAPTER 4

朋友圈发给谁看
发什么

前面我们主要谈了和熟人如何进行私聊、群聊，接下来，我们用两节的内容，来看看发朋友圈时要注意什么。

大多数人发朋友圈，就像写日记。我有时也是，自己的碎碎念，每天经历的点点滴滴，有什么好玩的，就想马上分享；拍了一张很漂亮的照片，想得到赞美就赶紧发出来，就像那句宣传语，因为"这一刻值得记录"。

但是，把朋友圈的文字、图片放在社交场合，你就会发现，它不只是你的日记。因为，我们真正的日记，是不公开示人的。公之于众的一切，都有传播性，无论你愿不愿意。从一定意义上说，公之于众的一切，都是营销，你营销的产品就是你自己，那么，你想要好的营销，还是坏的营销？

在以熟人为主的微信社交中，我们发朋友圈最重要的两个问题是：发给谁看的？发什么内容？

我们的朋友圈其实是发给三类人看的：

你现有的圈子，你重点维护的几个社交对象，以及那些弱联系有可能成为强联系的人。

先看圈子。

问大家一个问题，一个人一生中要交往多少人？你的第一反应可能是，不计其数。

但其实，无论认识多少人，一段时间内，我们能够稳定维持人际关系的人数是150，多了，就应付不过来。

这个数字，是一位英国的人类学家罗宾·邓巴提出来的，因此150，也被称为"邓巴数"。邓巴指出，人的大脑认知能力有限，我们负担不了那么频繁的社交活动，能稳定维持关系的人，大约在150人左右。所谓稳定维持联系，以一年起码能一对一联系一次为标准。

"150"这个数字，同时意味着，每一个人身后，都大约有150个稳定联系的人，推而广之，你维护好你固定圈子里的150个人，就会有150×150=22500人隐隐约约知道你，对你有印象，这就是你的口碑、名声、人际关系网。

前两年有一本畅销书《人类简史》，我很喜欢，作者在书中写到，早在远古，部落的形成就在150人左右，这个人数的部落，人们通过八卦，通过口口相传，就可以维持联系，互相知情。

你看，历史和科学互相印证了。

人类的记忆，过了几十万年，仍保留我们身上，不要去挑战它。它能留下来，一定有它的合理性，是人类自动筛选的结果。

所以，哪怕你微信好友达到了5000人，你相交满天下，但回到朋友圈，给你点赞的人，或你的每条朋友圈他大概都会看，他的朋友圈你也会浏览的人，基本上也就是150人左右。

因此，对你来说，你最熟悉的150人，他们或者是你的家人、同事、同行、同好、同道；或者是天天见面的，是你琐碎生活的直接参与者，总之，他们形成了你的圈子，他们是你最需要展现个人风采及针对性发布报告的150人。

以这150人为中心点，往内圈重点，圈出近期重要的社交目标。比如：你绝不能在他面前出错且最希望留下好印象的是哪几位？

以150人为中心点，再往外画圈，一些人加了你微信，和你暂时没有直接、频繁的接触，但他们会通过朋友圈渐渐积累对你的印象，未来弱联系可能成为强联系。

我们的朋友圈就是发给这三类人看的。

好，读者定了，倒推发布内容。

你也许会问："这是我的后花园，我的自留地，凭什么，我发什么，还要管读者是谁，他们喜欢看什么？"

因为他们中有你的人生评委，他们对你的印象会直接从线上到线下，影响你的生活、工作、具体事情的进展。

回到我们在第一模块中提到的社交主形象，社交主形象就是你留给这三类读者统一的印象。

闭上眼睛想一下，你在你的三类读者心目中是什么形象？和理想的你一致吗？

来看两位微信用户对自己朋友圈的自我分析：

朋友圈里的我，既是一个活泼外向的22岁小女孩，也是一个知性又成熟的万人迷，我对世界充满好奇，对任何不懂又未知的事情都想要学习了解。我爱看电影、爱运动、爱美食，也热衷于公益慈善，我的朋友圈中，会晒很多我的影评、健身照片、美食照片和做义工的照片。我朋友圈的个人签名是：要做一个简单、清澈、温暖而有力量的人。

——小虾虾

一直以来我的微信朋友圈是不分组的，因为我想把真实的自己呈现给每个人，后来我发现每个人都是多面体，有好学的一面、文艺的一面、吐槽的一面、忧愁的一面……是的，大概总有一面不被人所喜，所以我还有一个微信，只有最亲密的几个人能看到，这样，我就可以展现和记录最真实最全面的自己。

——卷毛

现有的圈子、重点维护的社交对象，以及那些有可能成为强联系的人，通过对这三类读者的分析，你会发现，自动就会生成分组，自动就会知道哪些内容不适合发，哪些内容适合大张旗鼓地发。

我们接下来解决第二个问题：**朋友圈发什么内容合适？**

在第一章中，我们详细论述了陌生人可见的十条朋友圈，四要四不要的原则。在发给熟人看的朋友圈中，这些原则是不变的，我来简要带大家回顾一下。

四要，即要牢记社交目标、明确社交任务、学会分组、只对主要的沟通对象负责。

四不要，不要秀智商下限、不要秀品行下限、不要秀情绪下限、不要泄露隐私。

牢记原则后，我们应该怎么发朋友圈呢？

我给你三条思路：根据社交形象，根据社交目标，以及根据社交任务。

思路一：你可以根据你的社交主形象发朋友圈。

社交主形象就是你最想示人的那部分。

一个人可以有许多面，不同的人生角色。你可以是温存的母亲，你可以是严肃的上司，你可以是活泼的朋友，你可以是幽默的段子手。

但，你最希望别人眼中的你是什么样？为你贴的标签是什么？

它就是你的社交主形象。

你要经常想象自己是你朋友圈的读者，打开你的朋友圈，用别人的眼光打量自己，所有信息，汇总得出的形象，是不是你给自己画的社交主形象。

你也要经常想象自己是自己的一个熟人，你在分组可见中，只看到你让别人看到的那部分，是否符合你对自己社交主形象的规划。

举个例子。

虾米开了一家舞蹈工作室，舞蹈培训师是她最重要的职业身份，她将自己的社交主形象定位于阳光开朗、朝气蓬勃、精于自我管理的舞蹈培训师。

于是她这么规划她的朋友圈：

因为想宣传自己的工作室舞蹈培训，所以她用于工作的微信的朋友圈中想体现她专业的、有影响力且热闹的店铺形象。

包括：1. 基本功练习方法；2. 公司公众号推文；3. 一些个人的

店内动态。另外，她想表现自己是一个有规划的、爱学习的、积极的年轻人，她会在朋友圈打卡每天要做的三件事，并附上正在学习的"金融课"的学习笔记。今后，她还想增加一些其他的兴趣。

苏蕾是名导游，除了导游的职业，她还希望大家认可她的文艺青年气质，于是，她对自己的社交主形象的规划，落实到朋友圈是：

分享的链接一定要配上自己的读后感，发出链接之后，再发一条带有链接内容的截图和自己写的文字的消息。她发现，她自己的截图和文字都会被点赞，但是直接发链接的那条，毫无动静。朋友们都喜欢看她自己制作的内容，而非复制粘贴的链接。

你看，你最希望别人眼中的你是什么样子，你的朋友圈就可以向这个形象靠近。

思路二：你还可以根据精准社交目标，把朋友圈当作工作简报发。

我们强调网名、头像、签名档的重要，其实是强调第一印象的重要，但你也要相信久而久之的力量。

经典就是不断重复，印象就是不断加深。

"久而久之"在朋友圈中的社交形象塑造上功不可没。

将人分类，将公共空间分组，将你的信息像编辑简报、刊物一样投放，你的产品是你自己，这些信息都是你的自我营销。

你试试每天都发一条，针对你精准社交目标可能感兴趣的信息，在公共空间，看看有无实效。

如果你是一位房地产经纪，你的精准社交目标是刚接触的客户，那就每天固定时间点，发布一些与房地产业务相关的资讯。

你还可以时不时发表自己的点评，贴一些和客户之间的互动，加一些个性化又不涉及特别隐私的生活细节，增强你的人设感，让网名背后的那个你鲜活化。

这是针对完成工作这一社交目标，制定的社交形象维护方案。

如果你的精准社交目标是你的同事和领导，当你不好直说自己在加班时，你可以拍一盏灯，地点标注为你的办公室。

我需要提醒你一点，你可以针对不同的社交目标，选择性地露出你的形象。

我的一位小姐妹就对我勾勒过，她希望她在不同人心中有不同的形象：

在上司面前，是活泼的、时髦的、敬业的职场新人；

在可能的恋爱发展对象面前，是活泼的、时髦的、体贴的、有趣的单身姑娘；

在故交面前，是活泼的、时髦的、合群的老友；

在父亲或父辈亲戚面前，是活泼的、听话的、稚嫩的孩子。

以上形象，都是她真实的一面，但她选择性地根据对象露出自己的形象。她用技巧来更新对自己的说明，把某些不能摆在台面上的话，藏在技巧中，让对方舒服地懂，做好了朋友圈的管理。

当你的精准投放目标对你的朋友圈形成阅读习惯，有阅读期待，你们之间原本的弱联系，就会慢慢变成强联系。

当你所有的社交目标，都按你所想，对你类型化，认为你的社交主形象就是你本人的形象，你的社交形象管理、朋友圈管理就成功了。

思路三：除了社交形象、精准社交目标，还可以根据社交任务发朋友圈。

如今，我们能看到一个职场中人，在公事、职场之外比较私人化的一面，除了他在办公室、职场领域有意无意泄漏出的生活细节，更多的就是通过网络空间了解，网络空间中使用频率最高的就是朋友圈。

通过朋友圈，你可以释放给大家哪些信息？比如：

你几点下班；

下班后，你一般做什么；

你平时是什么样的人；

你的生活重心是什么；

你生活中最重要的是哪几个人；

你的兴趣；

你的审美；

……

举个例子。

如果，你想树立权威，就要在朋友圈的更新中，树立起你职业范儿那一面的人设。

你每天发朋友圈，起码要有一条和工作有关的内容。

如果是转发，最好有一些你专业性的点评，让人感觉，无论你在做什么，始终关注着行业前沿，而不只是家长里短、娱乐八卦、狗血新闻。

你的观点，就是你权威、专业的展现。

如果你不想让人觉得你只有工作，还想保持生活化的一面，你可以在周末或者其他工作日的非工作时间，表达出你的审美、你的家庭观念。

我们常说反差萌，一个人怎样让人觉得他有魅力，眼前一亮呢？

答案就是出人意料。你某一刻的形象，和平时的人们对你预设的形象有一定反差。

如果你在职场形象很硬，常有人说你不近人情，你想表现出些许柔和，想和一些人的距离拉近，你可以在周末晒晒自己做的菜；如果不会做，总会吃吧，那就晒晒吃的，晒晒口味，晒晒你欣赏的美食。

或者是和家人的亲密，对宠物的照料；尽责的母亲，尽孝的女儿、儿媳，喜欢动物的人，这些总不会留给别人坏印象。

有调查表明，有稳定感情、稳定家庭的人给人印象会更好，会让人觉得靠谱、幸福，容易产生信赖感。

发朋友圈之前一定要想清楚，话题是不是可能造成互动？

就像我一位朋友评价另一位朋友的话："你总得让我有可以点赞的理由吧！"

我提醒你一个注意事项，切切记住。

无论是晒孩子，还是晒宠物，适可而止。

如果你主要想维护的是你的职场形象，给人以"做事的职业人"这种印象，不要让晒生活的内容喧宾夺主。

试想一下，你是一个企业的高管，你朋友圈百分之八十的人都是你的客户、同事和领导，打开你的朋友圈，每天四条，全是你的爱猫。

请问，大家是跟你谈工作还是谈猫呢？

　　好了，这一节，我们就到这儿，**确定你朋友圈的读者是谁，确定你想展现的自己是什么样，根据四要四不要原则，有计划地更新，你的朋友圈起码不会出错。**

　　下一节，我们来讨论在不会出错的基础上，如何成为朋友圈最受欢迎也就是最安全的人。

如何成为朋友圈中最安全的人

上一节，我们谈了朋友圈是发给谁看的，发什么内容合适，讲的是不出错。这一节我们来看一下，如何成为朋友圈中最安全的人，也就是如何规避风险。

先来看两则新闻：

一位何女士，在保养汽车时，意外地发现，汽车的底盘被人安装了一个GPS定位器。她报了警。警方通过技术手段，找到安装定位器的人，竟然是何女士的小学同学，而他们的联系仅仅是在同学会上互加了微信，互相存在于彼此的朋友圈里，没有过多交往。

那么，何女士的小学同学为什么要在她的车上装GPS定位器呢？因为，同学常看何女士的朋友圈，她晒过豪宅，晒过名牌包，晒过自己的各种信息。总之，混得并不好的这位同学，萌生了打劫的心，为此，他甚至还联系好了几个同伙，就等着方便作案的时机了。

另一则新闻是：

一家电视台，曾做过一期拐骗儿童的测试节目。由主持人扮成骗子，利用父母晒在朋友圈中的孩子照片及定位信息，得到孩子的具体位置。然后，主持人再利用从父母朋友圈中获知的信息，和孩子聊天，降低孩子的戒备心，一番巧舌如簧的哄骗之后，孩子跟着骗子，也就是主持人，高高兴兴地走了。虽然这只是一次测试，但让电视机内外的人都为之胆战。

原来，一个定位、一张照片，就可能带来意想不到的灾难。

你看，网络有风险，朋友圈最直接。因为碎片化的生活，犹如直播，最容易泄露一个人的真实个性、真实生活。

想规避风险，我有三个原则：

一、对微信好友进行管理。

二、发和自己有关的内容时，隐去重要的个人信息，保护自己的安全。

三、发和别人有关的内容时，征得对方的同意，确保对方的安全。

这三个原则我们逐一来看。

第一个原则：对微信好友进行管理。

对微信好友进行管理，不要让纯粹的陌生人，和你毫无连接的陌生人，轻易找到你，可以分解为三个动作：

首先，对陌生人严格进行验证通过。

你可以选择在微信"设置——通用——发现页管理"中，关闭"附近的人""漂流瓶""摇一摇"等功能。

除此之外，你可以在微信"设置——隐私"里关闭"允许陌生人查看十条朋友圈"的功能，防止被陌生人盯上，不让陌生人看你的朋友圈。

如果，你选择了让陌生人看十条朋友圈，那么，你的朋友圈中，就不要有明显的个人信息。

陌生人加你时，你最好在微信"设置——隐私"里开启"加我为朋友时需要验证"这一功能。对方没有足够的添加理由，就不通过。

其次，对陌生人进行分组管理，设置可见内容的权限。

有足够添加的理由，验证通过后，也要及时进行分组，设置可见内容的限制。

我们涉及个人生活的部分，最好只发给真正意义上的朋友、社交目标看，没有必要把你的方方面面，都给不需要了解你究竟是什么样的人看。

最后，隔一段时间，就要清理一下微信好友。

清理时，你可以提前发个朋友圈提醒大家，你微信好友满了，现在要删除一部分人，麻烦大家告诉你一下，他们究竟是谁，和你因为什么事来往过，防止误删。

具体来说，我们需要将三种人屏蔽在你的朋友圈之外，即纯粹的陌生人、僵尸友、有问题的熟人。

纯粹的陌生人，我们刚才已经说过了，要设置朋友圈权限。

僵尸友是什么样的微信好友呢？

在我们的微信通讯录中，还有一些人加了从未聊过，或者是一次性的交往，剩下时间，没有互动，不来往，像僵尸一样存在，但你们彼此都能看到对方的生活。

比如，你去迪士尼，加过一个导游；为了付快递款，加过一个快递人员，这些人在短暂的交往后，其实和我们的生活无关了。但有时不在意，或者忘了，你没有将这些只有一面之缘的人，在发布私密内容的朋友圈中清除，这就是隐患。

当然，一些人虽然只有一面之缘，但我们总觉得未来还可能有交集、有连接，这些人，还是那句话，做好分组，做好可见内容设限。

有一些熟人也不一定安全。

有反社会人格、性格有缺陷的熟人，在现实生活中，就要远离，他们如果存在于你的朋友圈，能删除的删除，不能删除的就设限。

如果一个熟人，你不太清楚他的秉性、现状，你即使给他看到你的生活，也要让他不太清楚你的状态究竟如何。

比如，我们在这堂课一开始提到的何女士和她的小学同学。

定期管理微信好友，可以帮助我们为自己上好防火墙，越少危险的人和你相关，你就越安全。

第二个原则：发和自己有关的内容时，隐去重要的个人信息，保护自己的安全。

知乎上，有一个热帖，一位网友，使用微信摇一摇的功能，加了1800公里外的一位陌生女性为好友，他用了不到半个小时的时间，就从陌生女人的朋友圈中获得以下信息：

真实相貌、真实姓名、车牌号；

孩子的相貌、年龄、幼儿园名，几点送，几点接；

他们常去哪家电影院，常在哪个公园散步。

也就是说这位远在千里之外的陌生女人，她的信息综合起来，能让一个陌生人得出她全部的生活轨迹，掐准时间，就能在她经常出现的地点堵住她。

为了防止不怀好意的人对我们做出以上举动，我们在朋友圈中，涉及真实信息的东西越少越好，你应该做到以下三点：

1. **不晒真实的个人和家庭信息。**

身份证号、银行卡号、车牌号、门牌号，你和家人的住址，你的单位，孩子的名字、学校名，完全杜绝晒。

机票、车票、护照等，不但含有信息，还涉及你的行踪，如果晒，请隐去重要信息，比如，打上马赛克。

2. **少晒真实的照片，不发原图。**

晒你和家人的照片时，注意要确保看得到这些照片的人可靠，如果有犹疑，要么发的是有时限的，发完过一会儿就删，要么干脆不发，或只发模糊不清的背影、侧面，或拿贴纸、图案做遮挡。划重点，尤其有关孩子的照片。

另外，不发原图。原图有多危险呢？解释一下，一些智能手机中的原图是有定位功能的，通过原图，有心人会发现你的确切位置，即便当时不过来找你，将你一段时间内发的朋友圈中的原图汇总，就会清晰地得到一张你的行动地图，你何时何地最常出现在哪里，一目了然。

我就曾经遇到过一位朋友堵车时在朋友圈发了一张照片，是原图，她已经注意将照片四周的店铺打上马赛克，照片中只能看见她握住方向盘的手，和前方车窗中显示出的一条马路及其他车辆，但就在有限的照片信息中，还是有人在朋友圈评论中问她：你现在已经开到了×××路吗？

她惊呼，你好眼力，怎么判断的？答案是，通过原图的定位。

3. 不泄露具体的生活状态。

不在朋友圈发自己的经济状态、情感状态、情绪状态。

以何女士为例，如果不晒名牌包，不晒豪宅，不让人觉得她有钱又没有防范心，就不会引起麻烦，防人之心不可无。

同理，如果你在朋友圈中不止一次发布特别寂寞、特别孤独、特别想谈恋爱的状态，PUA可能会盯上你。

保护自己，从保护信息不泄露做起。

第三个原则是：发和别人有关的内容时，要取得对方的同意，确保对方的安全。

举个例子，一次，我参加了一个饭局，饭局上，一位朋友让服务员帮我们拍了一张集体照。大家在群里收到了照片，在座的有一位发了朋友圈，这引起其中一位叫小王的不快。

因为，这一天，小王本来要加班，但他向单位领导找了一个理由没加班，是偷偷溜出来参加聚会的。饭局上的诸位是一个圈子的人，彼此认识的人大多有重合，保不齐某个人的朋友圈里就有这位的领导和同事在，如果被他们看到了这张照片，小王的谎言就立马露馅儿了。

所以，小王特别不高兴，要求大家拍照就拍照，别发朋友圈，要发的话，也先和他商量，比如，过几天再发，让人不清楚，他究竟是哪天参加的饭局。

你看，朋友圈的风险，除了来自泄露信息，可能会遭遇伤害的风险，还有一重风险是，我们有时发布的一些内容，会引起相关人的不快。

发和别人有关的内容，最理想的做法是，发之前让对方看一下内容，问一问对方，可以发吗？

比如发聊天记录截图时，有时，你觉得你们聊得很有趣，就不顾一切，一言不合发出来，而聊天记录中，和你聊天的那个人，可能会非常介意，他说的话，你们正在讨论的事，对他的形象有不好的影响。

比如发合影时，更要注意，你觉得好看的照片，对方不一定这么想，哪怕你用的是美颜相机，也要问一下："你觉得我P得怎么样？可以发吗？"

这里要提醒你一点，你发的内容，也要让重点社交目标有足够的安全感。

还拿小王举例，如果他在谎称有事不加班而去饭局的这个晚上，自己在朋友圈，发布了饭局合影，他的职场风险指数就飙到最顶点。

因为重要社交目标，小王的领导就是这张照片的读者。

所以发朋友圈前，一定要想一想时间、地点、人物、事件，你都考虑周全了吗？

你发的内容，让别人安全，让重点社交目标也感到安全，你便成为靠谱周全的人，不会丢掉自己的口碑和信誉。

总结一下三个原则：对微信好友进行管理；发和自己有关的内容时，隐去重要的个人信息；发和别人有关的内容时，征得对方的同意。这些会帮助你，成为朋友圈最安全的人。

温故而知新：

本章我们针对朋友圈，学习了朋友圈发什么，发给谁看和如何成为朋友圈中最安全的人。这些都是需要我们在日常线上社交中注意和不断练习的。

下一章，我们将具体分析五个场景：爱上一个人，得到一份工作，完成一个目标，为孩子赢在起跑线，将朋友圈的弱联系升级到强联系，通过微信如何达到？

线上沟通技巧的具体场景应用

CHAPTER 5

如何和你喜欢的人进行线上交流

从这一章开始，我们就进入了线上沟通具体的场景中，我将手把手地教你们学会当你爱上一个人，需要一份工作，达成一个目标，想帮孩子赢在起跑线，以及面对许多看不见的熟人时，该怎么进行更有效的线上沟通。

先来看，当你爱上一个人，能用微信做什么？

我们用两个场景为例，对你来说，它们似曾相识，回顾一下。

第一个场景：一位男生，叫小明。

小明坐在高铁上，窗外的风景飞驰而过，忽然，他一回头，坐在身边的这位女士，不就是他的梦中情人吗？

小明从旅途的状态找话题，从对方身上找话题，他甚至以对方的旅行箱非常适用为借口，找女神要淘宝的链接，总之，他成功地加上了对方的微信。女神下车了，小明挥手告别，接下来呢？

第二个场景：一位女生，叫韩梅梅。

公司来了一位新同事，叫李雷，三个月了，他的一举一动都印在另一个部门工作的韩梅梅心中。每天，韩梅梅都在琢磨如何接近李雷，但他们没有单独在一起的机会；单独相处，韩梅梅也会因为羞涩，不知怎么开口。

终于，韩梅梅参加公司安排的一场封闭式培训，单独相处的机会虽然还是没有，但在培训中，他们加上了微信，自然而然的，韩梅梅和男神李雷每天能在朋友圈相遇。

接下来呢？

以上两个场景，分别是一见钟情和日久生情。

我们在前面"如何加上暗恋的人"中曾以他们为例，这一节，将继续帮助他们获得爱。

只有微信，没有其他更紧密的联系，念念不忘，梦寐以求，小明和韩梅梅该怎么办？

有四个步骤：了解对方，展示自己，拉近距离，增强互动。

第一个步骤，了解对方。

爱上一个人，并有了他的微信，我们可以通过对方的头像、网名、签名档、所在的群、群中的发言、朋友圈的更新，大致了解到他的基本情况。

如果信息不够多，凭借一两条蛛丝马迹，再刻意地在线上和线下进行搜索、汇总、分析。他的性格、爱好、籍贯、经历、情感状态，是什么样的人，你大体会有判断。

就此，起码可以完成一轮自然筛选，即，先别管他会不会爱上你，他是单身吗？和你合适吗？好相处吗？有没有一眼就能看出来的极端人格？比如，他在朋友圈骂完国内骂国际，骂完领导骂邻居？

更进一步，他有什么需求？他最近的状态怎样？他的时间安排？他关注什么？由此推论，什么时候和他说话最合适？和他聊什么？哪个话题有可能成为你们的黄金话题？在哪里最容易遇见他？

第二个步骤，展示自己。

展示自己包括：展示良好、真实的个人形象，释放信号，有针对性地更新。

我们在之前的内容中提到过，要在微信范围树立一个优良的社交主形象，那是面向大众的。在恋爱季，对于恋爱目标，还要提醒你，在面向大众的优良社交主形象基础上，你要释放出你是单身、你想谈恋爱的积极情感信号，而后有针对性地更新。

一方面，把你的优点亮出来，把你吸引异性的闪光点亮出来。

另一方面，根据你对他基本情况的摸底，判断一下，他可能感兴趣的异性有什么样的特点，你有没有这方面的特点，有，就在微信聊天、朋友圈更新时突出一下。

优点、闪光点，你可以参考之前的情感经历和周围的人评价，以及对自己的评估。

想一下，你的前任为什么爱上你？

你周围的人认为你作为男性或者女性，最让人着迷、最值得夸赞的是什么？

你认为你最珍贵、最美的一面是什么？

回到微信，你最受欢迎、点赞率最高的朋友圈是什么？你甚至可以看一下大数据，你的朋友圈中，异性点赞率最高的内容是什么？

它们就是你在恋爱季要着重突出的优点、闪光点。

通过前两个步骤，第三、第四步骤则是拉近距离、增强互动，只要有心，就容易开展。

找对时间、找对话题、找对交集、找对对方的关键时刻，提供你的关键动作。

养成习惯，让对方习惯你的存在，习惯看你的朋友圈状态，习惯和你聊天。

我们还是来看小明和韩梅梅如何用这四个步骤，逐渐接近他们爱上的人吧。

小明和女神在火车上匆匆见过，匆匆告别。回去以后，小明还是忘不了女神。

第一步，他想更多地了解女神。

他开始翻看女神的朋友圈。小明的女神，网名叫爱丽丝，微信头像是个长发卡通女孩，朋友圈的背景图是《爱丽丝梦游仙境》中的画面。小明由此判断女神有颗童心，是卡通发烧友，虽然外表成熟，内心还是个小女生，起码希望别人把她当小女孩宠。

爱丽丝的朋友圈设了三天可见，没有太多的信息，但三天，一共六条朋友圈，其中三条是法规条例，可见爱丽丝的工作和法律部门相关。

而爱丽丝是在杭州下车的，过了几天，她的朋友圈中，忽然更新了一条"杭州很久没有下雪了"，小明想，爱丽丝一定是在杭州常居，而非过客，很可能就是杭州本地人。

卡通发烧友，喜欢《爱丽丝梦游仙境》，内心还是小女生，渴望被宠爱，常居杭州做和法律相关的工作，这是小明研究了一见钟情的女神爱丽丝后，综合信息，得出的关于她的基本情况。

小明拉近距离、增强互动的方式是适时点赞和评论，以及恰到好处的互动。

他给爱丽丝最新的朋友圈点了赞，没有过多的打扰，之后每当爱丽丝发布朋友圈，他都会适时点赞或评价，尤其在爱丽丝转发和行业有关的资讯时，小明还会从自己的专业角度点评几句。因为不是纯外行话，这引起了爱丽丝的兴趣，两人在朋友圈时不时有些互动。

半个月后，爱丽丝忽然在朋友圈发了一张图片，图片中大雪纷飞，她加了一句话"杭州还没有下雪"，小明看见了，连忙拍了一张眼前正在下雪的照片，用私聊的方式发给爱丽丝，小明说："哈哈，北京已经下雪，一下雪北京就成了北平。"

爱丽丝刚发完朋友圈，说明此刻正在线，下雪的话题恰恰又是爱丽丝在朋友圈发起的，小明不算没话找话，果然，爱丽丝秒回他："咦，你不是住上海吗？""今天在北京出差。"小明答。"辛苦。你们的工作需要经常出差？"爱丽丝又回。

两人就这么聊了起来。

他还有针对性地展示自己的优点，让对方产生了好感。

小明在朋友圈中，更新过他作为生活小能手的各种证明，会做饭、会修一些电器；单位年会他写下一张清单，1234567……如何准备节目，如何联络场地，如何砍相关物品的价格，如何买相关的东西，并附上淘宝链接。那条朋友圈后，跟帖者众，因为将近年末，每个单位办事的人都需要类似的清单，这其中就包括爱丽丝。爱丽丝真诚地在小明的清单下回复："你太厉害了！有这张清单，帮上我大忙了！"

而这张清单就是小明特别针对爱丽丝做的，又以不以为意的方式发布在朋友圈中，因为前一天，爱丽丝在朋友圈中提过："一年一度的年会又要到来，今年，经理让我负责，实在是愁煞我了。"

他们的距离逐渐拉近。在准备年会的整个过程中，爱丽丝不断向小明求教，小明总是隔几天就问她，怎么样啦，我作为一个老办公室主任，有什么问题，你都可以问我啊……

互动从偶尔到经常，从经常到形成习惯，终于，小明晒出去杭州出差的照片时，不忘给爱丽丝发了个定位，爱丽丝主动发出邀请："一起吃个饭吧。"

剩下的事儿，就靠小明自己努力了。

韩梅梅呢？

韩梅梅在封闭式培训中和李雷互加了微信。她翻看了李雷的朋友圈，李雷的形象越加丰满，不再只是格子间那个高冷的男神。

韩梅梅搜集到的信息包括，李雷是户外运动爱好者，理由：李雷的头像是他在一次徒步活动中的留影，李雷对着一座雪山，一只手挂着登山杖，另一只手比出yeah的手势。可见成功征服一座山，是他看作里程碑式的个人生活纪念。

李雷的微信签名档是"四海为家，随遇而安"。韩梅梅心中一动，李雷换过的城市和单位应该不止一个，而韩梅梅的父亲在铁路上工作，她从小到大，安过家的城市就有七八个。这是他们的交集，也是日后可以互动、引起共鸣的话题。

李雷的朋友圈除了单位公众号上的文章、业内信息，还晒了几张校友会的照片，噢，原来他是西安交大毕业的……

韩梅梅经过阅读、分析，对李雷的了解增多了，比如，毕业院校、曾经的经历、性格、爱好等。

这样，先对对方有了足够的了解。

然后她回到自己身上，看自己的优点有没有很好地展现出来。

韩梅梅在单位一直表现得像个小透明，安静、恬淡，李雷之前对她没什么印象。

韩梅梅先浏览一下自己的朋友圈，用旁观者的眼光看了一下，自己的性格、爱好、志趣、特长、专业技能，有没有展示清楚。

一看，果然有问题，她默默删了情人节的一条，那条朋友圈中，她回忆到了前男友，这可不是什么积极的情感信号，会让人误以为她旧情未了。

李雷一看就是工作狂，根据毕业院校也能推测出他曾经是个学霸。韩梅梅在朋友圈展示自己两点：一、她跳舞的小视频，这是点赞率最高的，同时，前男友也是因为她的曼妙舞姿爱上了她。二、她正在准备的专业考试，以及一年读100本书的打卡计划，出于两方面的考虑，表明自己爱学习、上进，同时，这项考试也是李雷曾通过的，这一点是韩梅梅在线下打听到的，这项考试，也将让她有更多理由主动麻烦、咨询李雷。

韩梅梅拉近距离、增强互动的方式是拉小群、主动麻烦、养成习惯。

她在公司内部论坛上，号召大家一起去户外运动，周末去郊外的山区徒步，李雷作为户外运动爱好者当然参加了。公司几百号人，有类似的爱好不过十几个，每周都能坚持去的就几个。这几个人组成的小群，从户外运动本身聊到公司内部八卦再到各种新闻，总之，他们每天都要在群里说几句话，也就是每天韩梅梅和李雷都在封闭式开会。

韩梅梅跳舞的视频让李雷眼前一亮，他经常给韩梅梅点赞。韩梅梅一日装作无意，特意晒出大学时在西安参加舞蹈比赛的照片，果然李雷和韩梅梅私聊："我在西安读的大学，你这张照片，勾起了我青春的回忆。"

爱情会让人勇敢，韩梅梅不再是那个害羞的女孩，她在那天聊天结束前主动提出："想不想重走一遍青春路？我很想念回民街的那些好吃的，马上要国庆了，我们一起去趟西安？"

李雷回答："好啊！"

你看，四个步骤，告诉你如何在一见钟情、日久生情两个场景下拉近和对方的距离。

如果爱上一个人，我们只有他的微信，我们用好微信不一定就能获得爱，但胜算会比没有微信或是没用好微信还是要大得多。

我能帮到小明和韩梅梅的就到这儿了，也希望这些方法能帮到你。

如何适应职场新环境

上一节，我们提到了，当我爱上一个人，却只有对方的微信，该怎么加强联系，给对方留下好印象，让对方爱上我。这一节，我们回到职场，看看足不出户，就现有的环境和来往的人，一个职场新人，如何适应环境、改变处境？

作为职场新人，最重要的是先解决生存问题，再求发展，也就是先知道怎么活下来，再谋求怎么活得好。

从社交管理的角度看，职场新人进入一个单位，第一步要做的事，是找到关键的人。

关键的人有三类：

给你工作的人。

教你工作的人。

和你一起工作的人。

这三类人对应三类问题，也就是：

刚到一个单位，你要迅速分辨出，你应该听从谁的命令，服从谁的安排？

有事可以向谁请教？

你的小伙伴是谁？

这三类人也是你在微信中的重要社交目标。和他们打好交道，对接好工作内容，注意合乎分寸的职场礼仪，展示工作需要的合适形象，加强互动，职场的路，就会顺风顺水。

针对这三类人我们逐一来看看，该怎么样应对。

给你工作的人一般来说是你的顶头上司。听从他的命令，服从他的安排。

想在一个单位留给众人好印象，最关键是把手头的事先做好。

让你扫地，你就扫干净；让你打印文件，你就打印清楚。看似简单的事，重复去做，每一次都做到100分，就能重复积累你靠谱、认真、给力的职场印象。

而你的顶头上司恰恰是给你布置任务、验收任务的人，你的形象需要通过他散布出去。

反之，你的口碑会因为他的不满成正比地减弱，而他的不满，也会在实际工作中带给你更多麻烦。

在微信沟通中，私聊、群聊时，对顶头上司要态度恭敬、语气礼貌，还要及时回复、全程精神在线。

你有其他的职场诉求，先把顶头上司布置好的工作完成再说，其他的诉求也可以通过朋友圈更新巧妙地展示。

有事向谁请教呢？

两种人：你的顶头上司和有经验的老同事。

顶头上司当然能请教。

除此之外，部门里比你早进来的老同事也是备选，他们或者是在你之前从事你现在岗位工作的人，或者是个愿意帮助新人的热心肠。

人只要用心，就能迅速对号入座一个小集体里不同人的角色，那个最善良、最热心、做事最干练的，就应是你拜的师父。

稍稍注意下，公司群里，每当有人说："我有个问题，谁来帮我解答？"那个最先解答、最常解答的人，加他，他就可能是你的师父。

作为职场新人，还得有几个小伙伴。我称之为职场发小。

一种是同时进公司的新人；一种是和你年龄相近、职位相近的小伙伴。

第一种，你们同时进公司，无论是办理各种入职手续，还是应对各种新环境的不适，小伙伴都是和你最有共鸣的人，一起商量，一起吐槽，彼此鼓励，都是相互解压、共同进步的好方式。

我建议你，从入职时，就拉个新人小群，定期聚会，互通有无。如果你成为这个小群的主导，每次都由你来组局，渐渐地，三五年过去，你还在这个单位的话，小伙伴们也都成长了，在各部门独当一面，作为他们的老大，你自然掌握的信息、权力、威望也就更多了。

但切记，别把最隐私的，无论是个人的情绪，还是公司的秘密告诉他人，哪怕是亲密无间的小伙伴。

因此，群聊中、私聊中，不适合出现在聊天记录里的一切话，都不要说。

除了一起入职的同事，和你年龄相近、职位相近的，也是你的小伙伴。

甚至这些小伙伴中，有的人就是你的半个师父。

除此之外，往外扩，大行业里，其他单位和你各方面相近的，同样可以做你的小伙伴。

比如，你的同学正好是你的同行，是你业务单位对接的人，或是用各种方式结识的相关行业人士。

他们也是你在进入一个新单位、新行业时，应维持联系的好友。经常和他们聊天，关注他们的朋友圈，和他们一起组成行业群，或由他们引荐进入行业群，从线上到线下参加一些同行的活动，你不仅能随时了解行业的前沿、资讯、资源，以及别人的单位都怎么做事的、是什么待遇，这些小伙伴还能成为你的外脑，成为你职业生涯继续的一种准备。也许，若干年后，你们在各自的单位都得到晋升，主持一方工作，就可以强强联合开展合作。

更有一种可能，这些职场发小，是以后给你提供就业机会，来挖你的人。

我们来看一个真实的案例。看我们应该如何和这三类人进行良好的沟通，从而顺利地适应职场。

燕玲大学毕业，阴差阳错，找了份大型国企综合管理部的工作。

所谓综合管理部，前身是总经理办公室，但业务越来越多，除了应对"文山会海"，还要兼管人事、宣传，甚至连工资表也要兼做，所以干脆更名。而所谓阴差阳错，源于燕玲的专业和手上的工作完全不相干。她学的是材料物理，如今做的呢？用她的话来说就是"大丫鬟"。

整个试用期，燕玲真的像个大丫鬟。

她是小字辈，办公室里复印、发传真、接电话、开会时端茶倒水、聚餐时订房间等杂活都是她干。同办公室的张姐、李姐、王哥看起来对燕玲都不错，但谁都能使唤她。这样说吧，只要有人喊"谁来干什么干什么"，这个"谁"就特指燕玲。

转正的时候写总结，燕玲发现，她每天都在忙，落笔时竟没什么可写。燕玲想了想过去在学校的日子，特别充实，每个学期结束都有成绩单或奖状来证明自己干过什么，现在呢？时光如流水，工作生活像杯白开水。

更可恨的是，同事总将她的名字喊错，有时是"小张"，有时是"小王"，燕玲知道这都是以前在这儿工作过的人的名字。她越发觉得自己像个龙套。

摆在燕玲面前，有三个问题：

1.就业环境不好，能找到类似稳定、收入还不错的工作，非常难得。不能因为乏味就不管不顾地离职。

2.从大的职业发展来说，眼前打杂的工作绝非是她的理想，目前的状态绝不能持久。

3.什么是她的理想呢？她还没找到，但起码，她不想做丫鬟，想做一个重要的人。

不能离职，那就必须改变；不想打杂，那就要成为一个重要的人，这些是燕玲转正后，对职场的思索。

接下来，她既要适应职场新环境，又要改变职场处境，但刚到一个单位，就在格子间里工作，除了工作，她没有过多和周围人的产生交集，除了微信，和其他人的联系也不够多，她该怎么办呢？

燕玲拿出一张白纸，排了排她在单位接触到的人，以及和他们的交往中，她能做些什么。

顶头上司王主任，是给燕玲分配工作的人。

通过这些日子的观察，燕玲已知晓，综合管理部的核心任务是写各式材料，而好笔杆子难求，王主任不止一次地表达了对现有汇报、纪要、规章写作的不满。燕玲是理科出身，但文字功底一向不弱，她的问题在于怎样掌握这类文章的写作模式，以及让王主任知道自己有意向此方向发展。

于是，一次会议结束后，燕玲给王主任发私信，她提出借阅以前的各式报告，表示自己想学习，并亮出以前在学校得过的各种写作奖项。王主任有些诧异，但还是答应了，还发了鼓励的表情，感慨地说："现在的年轻人就是机灵！"

此后的事不难想象，一个又一个深夜，燕玲嚼着糖提神，一个字一个字在电脑上敲，写完后，会第一时间发给王主任。

哪有那么容易上手的新工作？燕玲的报告一开始总是出错，但是好在她态度很好，她会请教，请教王主任，还请教王主任给她参考的那些报告的原作者，当然，这是得到王主任同意的。

公司群里，燕玲开始慢慢有存在感了。在会议前，她发报告，会议结束，她发PPT、总结，各部门材料在她这里汇总，不断有人@她。虽然找燕玲的人还是很多，事情还是很杂，但这活儿比纯粹的打杂要有技术含量，燕玲不再是可有可无的人。

因为成了办公室里最忙的人，燕玲忽然间，也就成为最有权挑活儿的人。

打杂的事即便她想做，但电脑里文档已经打开，标题已经写好，找她做事的人话到嘴边只好咽下去，只剩一句"你忙吧"。

燕玲会在朋友圈中晒加班的图、活动的图，前一晚如果晒了布置重大会议现场的工作图片，第二天，她晚点来，或早点走，王主任都笑眯眯无意见，还会主动跟她说："昨天辛苦啊，我看你夜里三点还点了夜宵，说吃完好干活。"

渐渐地，燕玲把单位宣传这块儿的事情也接过来了，她和各大媒体、单位各部门打交道，她负责组织、协调、沟通。为了方便，她组了一个媒体群，将王主任拉了进去，王主任又将单位的大领导拉进群。媒体只要发布和燕玲单位相关的新闻，在这个群里，就会同步，大领导和王主任也就知道燕玲干了什么，这都是她的业绩。

与此同时，燕玲还在思考她的核心竞争力。她的工作干得是不错，但做得再好也敌不过国企论资排辈的老规矩，前途在哪里她不知道。

在和职场小伙伴的交流中，她找到了方向。

在一次培训中，燕玲认识了几个小伙伴，都是做办公室工作的，培训结束，她拉了个小群。大家经常聊天，其中有一位，表示最近很忙，在考人力资源师，燕玲非常感兴趣，问这个小伙伴，为什么考，答案是："万一有一天，我想离开现在的单位，走出去，还有多少资本和别人竞争？办公室、宣传工作说起来是万金油，没有专业感，当笔杆子，做传声筒，我已心生厌倦。"

这个小伙伴的答案引起了燕玲的共鸣，她也决定报考人力资源师。

于是，燕玲在完成本职工作的同时，开始备考。直到考下来证的那一天，她才在朋友圈晒出盖着鲜红印章的证书，没多久，又晒出去读这个方向的在职硕士的录取通知书。

晒什么，什么节点晒，都是燕玲想好的。

等到单位人力资源部需要人时，燕玲是该部门外唯一一个有证、有准备的。

这个时候，王主任留燕玲，人力那边也在邀燕玲加入，整个单位不再会有人把燕玲的名字喊成"小张"或"小王"，她终于成了她心目中重要的人。

你看，燕玲就是抓住了关键的三类人：在格子间里，找到给她工作的人，让王主任、大领导满意；找对师父，即时请教，学会本领；通过职场发小，掌握信息，得到有益的建议和参考，并去执行。

燕玲的圈子不大，靠找到三类人，用沟通达到改变处境、适应环境的目的，这些你也可以的。

如何达成一个目标

前两节，我们提到了爱上一个人、适应一个新环境，用微信，可以做些什么。这一节，我们来看看，做一件具体的事时，当线上比线下互动更多，要结识大量的陌生人，与陌生人的互动比熟人多，通过微信，如何快速、准确地达成目标？

在私下里谈话时，我一般会把想要达成的目标称为龙。

因为龙是一种大家都听说，却谁也没见过的生物，可是关于它的消息很多，也不能说它不存在。就像目标，可能会实现，但实现的路上，都会提心吊胆，怕它终究是个传说。

如果有人来咨询我，特特老师，你说我想做的某某事能做成吗？怎么做？

我就会回答他：你的龙长什么样？在哪里？你怎样才能找到它？是通过你个人能找到，还是需要其他人帮你架桥、提供武器、陪你出征，或者他就认识龙，能为你引荐？那么，这些人在哪里？
找到他们，找到前和找到后，你都要做哪些准备？

好，回到微信，回到目标，也就是四步：

1.确定目标；

2.确定相关的人；

3.确定通过什么途径找到相关的人；

4.确定相关动作。

用实际案例来说明。

这一次，我举一个我自己的例子。

大部分人听说我，都是因为我的第一本书，《以自己喜欢的方
式过一生》，到今天为止，这本书的各种版本销量接近两百万册，
可以说是一本超级畅销书，它一定程度上改变了我的生活。

但是很少有人知道，我是足不出户，通过微信和人打交道，将
这本书出版、运作成功的。

具体说来，除了写作，我认为我最大的力量全放在了确定目
标，找到相关的人，花功夫制定四十个人的名录，把他们加进微
信，做出相关动作，最终达成了目标。

从2008年起，我就开始在纸媒写专栏，那时，还算是中国纸
媒的黄金年代，我开设专栏的几家报纸、杂志，也是行业中最好的

平台，因此，国内知名的报刊几乎没有我没登过、没被转载过文章的。

我的意思是，只在报刊发表文章，已经让我感到腻了。

另外，我在研究生毕业后，一直在出版社工作，到2013年已经是从业七八年的熟练编辑了，我每天都在为作者出书，可是我自己没有一本像样的书，让我感到很尴尬。

以上，是我确定目标前的心理活动。

我的目标是2013年度必须出版一本署名林特特的书。

为此，2013年的春节假期，我在家里把我之前的文章进行了整理和分类，一共三十万字。一般来说，十万字能成一本书，我把以前的稿件分成三本，同时，写好作者简介、内容梗概，为每本书的初稿编了目录，还在目录下写上我认为适合的定位和营销文案。总之，我做成了三个资料包，在电脑里专门设了一个文件夹。

文件夹中，除了随时能发给出版方看的资料包，还有一份excel表。

这张表，我一共列出了四十个人的联系方式、所属单位，特殊要求我做了备注。

解释一下，我常年做出版，虽然我的工作是做历史书，我的写作是文艺文学方向，但是还是认识很多业内人士。

在我认识的人中，有十五家出版社的编辑和我的稿件内容相合，人靠谱，业务能力强，我将他们列出来，所谓特殊要求就是某人的黄金时间、黄金话题是什么，非黄金时间、非黄金话题是什么。举个例子，一个黑龙江的编辑朋友，每周三下午一定要开会，我就会备注一下，周三下午绝不能找他。

除了这十五个熟人，我在当当、卓越、京东上看图书排行榜，看排名靠前和我方向一致的畅销书，这些书的出版单位有哪些？我把这类书，好的出版社名录都列出来，用两个星期的时间，把这些出版社编辑的联系方式找到，放在我的表格里。

此外，我再去看，之前在报刊上，和我一起发表文章，经常成为纸上邻居的那些作者，他们如果出版过图书，是在哪家出版单位出的？我一个一个去研究，觉得某一个作者的某一本书做得非常好，就会直接找这个作者要他编辑的联系方式。

这张表格，一共十五个熟人、二十五个陌生人，我用了一个多月才完成。

四十这个数字，是我刻意凑成的，因为全年五十二周，有效工作周一般就在四十周左右，为了让我的目标可执行、不拖沓，我为自己设立的行动计划就是四十个工作周内，每一周去联系表格中的一个人，周周都围绕着我的年度目标在做事。

这四十个人，在表格中的呈现，有单位，有编辑的代表作，有电话，有QQ，但为了联系方便，为了其他相关的信息，能精准发布到对方视野里，我把他们都加进了我的微信。

2013年4月，我开始把我的资料包每周发给一位编辑，这四十位编辑，是我这一类文字作品对口的全国最优秀的出版人。

我的想法是，我带着我的作品在精准目标前全部走一圈，没有漏网，就一定能有结果。如果所有人都退了稿，那肯定说明我的作品是有问题的，那就回来再写，可即便退稿，我听到了四十家最有用的意见，也比自己在家里闭门造车强。这也是一种结果。

好，目标清晰、相关的人找到、资料包准备好，到这儿，前期工作还没结束。

相关动作还有两步：

第一步：心理建设。

因为我很脆弱，写文艺作品的人都脆弱，我很害怕被拒绝，在逐一和四十个人打交道前，我就知道我最需要面对的是来自熟人的拒绝，因为那比来自陌生人的拒绝更痛苦。于是，我调整了表格、联系人的顺序。我一个星期和陌生人联系，一个星期和熟人联系，这意味着，被一个熟人拒绝后，可以缓缓，不至于耽误整个行动计划的进行。在和每一个人联系时，我都会默念一句"无情最无敌"，情，是情绪的情。就是不管对方说了什么，要克服脆弱、克服难堪，零情绪地让事情推进。

第二步：确立"重要的谈话只有一次机会"的提醒机制。

即便是非常铁的朋友，真正重要的谈话也要公事公办，按做事的规范谈，所以每次谈话前，我都想想还有什么遗漏。不要过度寒暄，赶紧进入正题，这是一个原则。

这件事情的结果你已经知道了。

就是之后卖了百万册的《以自己喜欢的方式过一生》。事实上，我发出去资料包的第三个编辑，第二个陌生人，就和我签了约，2013年的年度计划，在正式执行的第三周就完成了。

你会说，第三个人，我就达成目标，那剩下的三十七个人，还要继续执行计划吗？

当然要。

更重要的是，我注定要在写作这条路上走一生，我在干什么，需要同路人知道，随时可能合作；同路人在干什么，我也需要知道，关注了精准的人，就等于关注了精准的行业前沿信息。

现在，我已经不着急了，我的资料包准备了三份，其中一个签了约，年度计划已经完成，我剩下的两个资料包就是去做相关动作，和精准目标建立联系媒介的。

第二、第三个资料包，后来也成为我的第二、第三本书。

你看，如果你达成的目标是阶段性的，维护好与之相关的人，下一个目标，还需要他们。

169

好，谈完我，谈谈我们之前在"如何批量加上陌生人微信"中提到过的小乔。

小乔是做代购的，她和别人做代购的方式不同，会参加很多高端旅行团，小乔后来向我复盘她的一整套计划。

她的目标是：把代购生意做大、做成。

与之相关的人：更多客户，其中必然陌生人比熟人多。

通过何种途径，找到更多的人，尤其是陌生人呢?

靠熟人引荐，靠口口相传，靠自然流量。小乔有个线下店，有个淘宝店，还有个公众号，她把这些客户都加到个人微信里。

除此之外，剩下的，就要从茫茫人海中来。

但茫茫人海中，相信代购，希望在国外买名牌，能消费得起的人是占一定比例的，不是到街上随便拉个客户，就愿意加小乔，愿意从小乔手上买东西。

小乔曾经在买机票去某个国家做代购时发现，同样的钱自己消费，只够机票，参加旅行团，消费差不多，但吃住行玩全包了。在这次旅行中，她还意外获得了很多微信好友，在旅行结束后，这些好友发现小乔是做代购的，还会找她买东西。从此，小乔就干脆用报高端旅行团的方式，获得精准用户。

我看过小乔的表，列在电脑里，是她报的旅行团，每个月她会参加一到两个。目的地、时间段、所购品牌在某地折扣最大，这些便是小乔表格中的栏目。

她的相关动作包括： 参加旅行团、真人直播代购过程、散团后继续在朋友圈直播如何代购、实体店展示、淘宝店引流、拉群、重点货品一对一推荐……

这是小乔达成目标的方式。

好，以上两个例子，不知道有没有给你启发？

我们做事之前，想一想，哪些是需要通过别人才能帮助我们达成目标的，哪些线上交流是大于线下的，线上应该怎么交流？

找到关键的人，做对动作，你就可以运筹帷幄之中，决胜千里之外。

如何帮孩子赢在起跑线

当智能手机变得普及，线上沟通成为主流，微信也就变成目前越来越频繁使用的沟通工具，它可以帮我们达成一些需要别人协同才能完成的目标。上一节，我们提到了为一个具体的目标做微信社交方案，这一节，目标很清晰，帮孩子赢在起跑线，来看看在微信的范围，和这个目标相关的人，相关的动作有哪些？

在你的微信通讯录里，和孩子有弱联系的人，包括所有知道你有孩子的人。现实生活中，和你的孩子没有过多交往，但认识你孩子的人，比如，你的邻居、同事，你办事时随便加上的物业工作人员、门口推拿馆的按摩师，等等。

在弱联系的关系网中，最关键的是保护隐私。

注意，关于孩子的一切，你想发布时需要注意：一、要设置分组可见；二、个人信息，像学校名、真实姓名、接送时间、具体行踪别泄露，照片勿晒正面，关键部位打上马赛克。

和孩子有强联系的人，除了亲人，还有老师及孩子的同学和家长等。

这些人关注你孩子的动态、品行、教养，也关注你的，你的一言一行，会影响到他们心中对你孩子的认知、态度。

在强联系的关系网中，最关键的是维持形象。

孩子虽小，也有他们的世界。小朋友需要社交，小朋友有他们的评委、同伴。老师、小伙伴的家长就是评委，就能决定你孩子包括社交在内的一些生活，因此，他们就是你关于孩子的重点社交对象。

为了能让孩子赢在起跑线，以微信为主要沟通渠道时，针对重点社交对象，我们有三个形象需要维护：

1. 孩子的形象；

2. 家长的形象；

3. 家庭的形象。

正着推，你希望别人认为你的孩子是善良的、活泼的、可爱的，还是顽劣的、懒惰的、有性格缺陷的？

你作为家长，是知书达礼的，还是粗俗下流的？是温和温柔的，还是充满戾气的？

孩子所在的家庭是和睦的、充满爱的，还是父母对他不管不问，家庭关系复杂、畸形，传递的三观不正，每个人都很奇葩的？

反着推，亲人先放在一边，闭上眼睛，想一想，老师希望和一个什么样的家长沟通？

一般来说，不管你是做什么的，贫也好，富也好，老师对家长的要求，只关乎孩子。老师希望家长能配合教学，完成学校之外的家庭教育。

所谓配合，除了具体学习内容，还有态度。你表现出把老师的话记在心上，把孩子的事放在第一位，他提出的问题，你在积极解决，就会留下良好印象，此外，你是讲道理的，有文化的，你是热爱学习的，当然也会加分。

至于孩子小伙伴的家长，包括有相似年龄孩子的亲戚，对于你的孩子，他们都会希望这是一个合群、心理健康、家教很好的小朋友，能给自己的孩子带来好的影响，能彼此友好相处，而不是带坏他们的孩子，让他们的孩子受伤害。

在孩子起跑线阶段，在他们不能独立社交阶段，父母如何帮助他们完成走入社会和人打交道的第一步，在微信范畴，如何做到不减分，做什么又是加分动作？

通过微信，你可以亮出你的好家教，亮出孩子的才艺，为孩子的过失做补救工作。

注意：你因孩子与人相识时，你的身份首先是家长，言行需和家长形象一致，尤其在和孩子相关的重要社交对象面前，你的网络资料包，头像、网名、签名档、朋友圈更新这些需要检查一下，是否有对孩子形象、你的形象、家庭形象不利的部分，日常发布可以设置分组可见，可以用小号。

在家长群等和孩子相关的地方，不说与孩子学习无关的话。

我们用具体的事例来解释。

娟子，是个全职妈妈，有个女儿6岁，上小学一年级。

平时，学校有点什么事，娟子都第一时间主动配合，比如，新年义卖活动，从布置教室到组织家长参加以及清点义卖品，娟子都冲在第一线，可以说她是个热情、乐于助人的人。

娟子爱美，孩子上学时，她忙完家务之余喜欢自拍，迷上抖音后，她每天都会拍一些短视频上传到网上，这包括她的朋友圈。

娟子的朋友圈没有对任何人做分组设置，所以，女儿的老师，女儿同学的家长，都可以看到娟子的照片、短视频。其中一些短视频，娟子化着浓妆，穿着也比较随便，比如穿吊带睡衣等。说实话，有些出格，有些不雅。

娟子的丈夫、女儿的爸爸，工作很忙，应酬很多，常常晚归。娟子会在朋友圈中抱怨，有一天，她写道："又是深夜，不知道某某又去哪儿野了，你要是再不回家，我就死给你看。"某某就是孩子的爸爸。还有一天，娟子熬了一碗银耳莲子羹，她发图片传到朋友圈，图注是："女人就是要对自己好一点，不然，你的钱，你的男人都会被狐狸精抢走。"

因为义卖等其他活动，娟子在线下和一些家长熟了，在线上家长群中，互动也开始频繁起来。一位孩子的爸爸，姓王，一日在群中问起学校寒假放假的具体时间，娟子接过话茬儿，解答后，开始闲聊，聊着聊着，就不太注意，开起玩笑，她说："王爸爸，你长得特别像一个男明星，你知道吗？"娟子在家长群中发了几张吴彦祖的照片，表示长得像王爸爸的明星就是吴彦祖。王爸爸没说话，王妈妈跳了出来。王妈妈@了娟子，问："你这样公开在群里和别人的丈夫打情骂俏合适吗？"

娟子很尴尬，直至女儿的班主任在群中公布群规则，不许说和孩子学习无关的话，才把这事平息下来。

事后，娟子觉得很委屈，接女儿放学时，对班主任抱怨，但班主任却没有维护娟子的意思，只淡淡地说，你为了孩子，也注意点形象吧。娟子就更委屈了，她觉得，我为了孩子全职在家，全心全意配合孩子的一切活动，怎么就不注意形象、不负责了呢？

你看，娟子虽然全心配合了学校的活动，但自己都没有意识到，由于自己的一些行为，并没有维护好家长和家庭的形象。

再看一个例子。

马小宝，5岁，上幼儿园大班。

周末在小区儿童游乐园滑滑梯处，和一个小朋友玩耍时发生了冲突，具体说来，就是抢夺对方的玩具。马小宝的爸爸回家后在朋友圈晒了一条："今天，小宝又在小区儿童乐园滑滑梯那儿打了小朋友，我从小也这样，真像爸爸！就是不吃亏！"

马小宝的小伙伴文文的妈妈看到这条朋友圈，心里开始打鼓，她叮嘱文文："你离小宝远一点。"

马小宝的幼儿园主班老师看到了，周一上学没有直接问小宝。但周二，小宝在幼儿园碰了其他孩子一下，没问是有心还是无心的，老师联想起马小宝爸爸的朋友圈，直接就说："小宝你就是爱打人，周末你在家，就在小区里滑滑梯那儿打过人，你爸爸都发朋友圈了。"

另一个老师对主班老师建议，要不要和小宝家长聊聊？

主班老师叹了口气，打开手机，念那条朋友圈，她说："小宝爸还说小宝打人就像他，看来这一家人都不讲理，热爱用暴力解决问题，这样的家教能教出好孩子吗？"

小宝的爸爸也没有展现出良好的家庭形象，让老师和其他家长产生了一些不好的想法。

讲了两个反面例子，讲一个正面例子，看我们如何在微信上为孩子的教育加分呢？

苗苗的母亲是个女强人。苗苗在北京一所小学读三年级，虽然苗苗成绩不错，但情绪常不稳定，很好强。凡事不能输，只能赢。只要考不好，就会放声大哭；学校表演社不能演主角，就会大闹舞台。老师多次找苗苗妈谈话、打电话告状，有好几次，苗苗妈正在开重要的会议，或是在出差路上。

自己的孩子，有什么毛病，怎么会不清楚呢？苗苗妈在朋友圈关于孩子，发布的消息如下：

1. 晒成绩、晒优点。

旨在提醒老师、同学们的家长，苗苗作为学生主业是不错的。

苗苗妈晒的内容包括，苗苗在学校的成绩，业余在各种培训班得到的成绩，钢琴、朗诵考级的证书，画画比赛中得到的获奖证书。

和成绩无关的优点，用对话形式记录在朋友圈。比如，苗苗过年的时候主动提出，要给爷爷奶奶买稻香村的点心，苗苗妈问她，那妈妈没钱，你有钱吗？苗苗说，我把压岁钱都掏出来，够不够？

这段话，配上稻香村点心的图片，加上文字说明，勾勒出一个心中有爱、尊老的小朋友的形象，获赞无数，包括老师。甚至有苗苗小伙伴的家长在下面留言：说说呗，怎么培养出这么乖的小朋友的？

2. 正视缺点。

将缺点用有意思的方式表现，让人有代入感，让人喜欢这个有缺点的孩子。

苗苗脾气不好，性子太急，苗苗妈知道不能回避，便选择正视这些问题。无论是和老师沟通的时候及时承认错误，还是请教老师有没有解决的办法，从教生涯中有没有见过类似的孩子。

年终，苗苗妈把苗苗在舞台上、课堂上、家里，因好强、输不起的照片、短视频，其中有一些还是老师发给她的，汇总、集锦，编成小幻灯片、视频等形式，虽然微信朋友圈只能看三十秒，但更多微信好友移步去其他地方看完整版。很多人表示，我家孩子也这样，真没办法，苗苗还可以啦。

苗苗妈发布时写道：家有坏脾气妞，愁死我了，怎么办？

老师给她的回复，除了哈哈大笑的表情，还有：新的一年，我们共同努力！

3. 晒态度、晒解决方案。

苗苗妈曾在飞驰的火车上接到过老师的电话，学校知识竞赛，苗苗有一道题抢答，没有抢过另一个同学，苗苗在会场就哭了起来，怎么劝都劝不住，后来把同学、老师都弄得不耐烦了。

老师给苗苗妈打电话告状时，怒气冲冲，苗苗妈挂掉电话，随即在朋友圈留下一句话：

"一个人再成功，自己的孩子没有教育好，她的人生也是失败的，今天我深刻地体验到这一点。"

这是苗苗妈的心里话，她发布这句话也是给苗苗老师看的，果然老师稍后为她点了个赞。这是苗苗妈对孩子教育的态度。

苗苗妈晒出的解决方案，主要是苗苗一周一次接受的沙盘心理辅导，专业老师为苗苗制订计划，调整心态。每次上完课，苗苗妈都及时总结收获。罗马不是一天建成的，孩子的问题也无法一天根治，但是只要在解决，在修正，就能得到体谅。

你看，虽然苗苗有诸多的缺点，但是苗苗妈妈正视了孩子的这些缺点，还巧妙地传递了自己的教育态度，让老师和其他家长纷纷点赞。

好，以上三个事例，告诉我们，**在微信上我们需要维持好孩子的形象、家长的形象和家庭的形象，具体动作可以是亮出你的好家教，亮出孩子的才艺，为孩子的过失做补救工作。**

我们这一节就到这里，要说的很多，关于家长群的奇葩新闻，网上就不胜枚举，但篇幅有限就不一一列举。我们这些做父母的，现在要做的就是抓紧时间，别让孩子因我们的不慎，莫名输在起跑线上了。

下一节，我们来谈谈，朋友圈那些不怎么在线上沟通，却一直在看我们的熟人，怎么利用微信做那些我们不好说但需要的动作呢？

看不见的熟人

在我们的微信通讯录中，总是有一些很少联系，但一直存在的人。他们和我们维持着不折不扣的**弱联系**，我们的朋友圈向他们敞开，或部分敞开，我们观看着彼此的生活，交流却很少。

这些弱联系的人存在有什么意义呢？今天，我们就来谈谈，朋友圈中，那些看不见的熟人，他们的作用。

先来看一个事例。

方强是一名主持人，在小城的电台工作了十来年，竞聘管理岗失败，他气不过，干脆辞职，去了广州。

在家乡，方强算个名人，小城一多半人是他的听众，打出租车，他总被的哥认出来。

然而，去了广州，他的证书、奖杯，积累的资源、人脉、名声，似乎都用不上了。各个电台人满为患，科班出身的名校生排着队等就业机会，方强有点儿后悔出走这事，但回也回不去了。不得已，方强在以前带过的一个徒弟的公司先工作着，工作和过去的专业没什么交集，唯一的交集是，有时，他会接一些婚礼主持的活，心情难免低落。

很长一段时间，方强不更新朋友圈，他不愿意提自己的现状。等他调整好心态，更新朋友圈，除了晒点日常的吃吃喝喝，证明自己过得不错，他最常做的就是用幽默且专业的方式评点网络红人在直播、录播中犯的错误，以及怎么解决。

来看一条，他更新的朋友圈。

一位女讲师，姓孙，讲家庭教育的，常年做线下讲座，在线上也端着。方强截取了她的一节音频，几十秒，在朋友圈中，附上建议：

"这位孙老师，明显习惯面对面交流，习惯居高临下，一关进小黑屋，一摸话筒，就傻了，没有观众，她不知如何聊天。面对这种情况，我建议她想象自己是个咨询师，一对一提供知心姐姐服务，最简单的办法是，在话筒前，前倾四十五度角，就能收放自如，在听众耳中，她会像个自来熟的有缘人。"

这条朋友圈后，点赞者无数，许多人称："高！"许多人说："方老师，您也调教调教我吧！"让方强吃惊的是，竟然炸出很多他都忘了什么时候加的，很久没有联系过的人，比如，父亲的某个同事，某个远房亲戚，只见过一面的师姐……

这让方强意识到，他的此类朋友圈是受欢迎的。受欢迎意味着什么，他没想清楚，但之后，他刻意多更新这方面的朋友圈，当成自己的一个栏目，他想看看大家的反应还这么热烈吗？

一日，方强评点一位男讲师，男讲师的英文名叫迈克，在线上主要是讲国际时政。

方强看过他的文章，写得挥洒自如，但听他的声音表现，非常拘谨，嗓子也绷着，不够自如、轻松。

方强照例，在朋友圈拿出自己的经验，他分析道：

"我如果是迈克，就会研究该节目的听众，他们想要什么样的主持人。再研究一下自己，如何让自己符合听众心中理想的样子。"

除了像之前一样点赞者众多，方强的微信好友中，恰恰有认识迈克的，他是之前方强在小城电台采访过的一位嘉宾，这位嘉宾就在朋友圈下，说"真巧"，还邀请方强和迈克一起吃个饭。

那天，一顿饭下来，方强发现迈克谈笑风生，不像是个拘束的人，他围着迈克转了一圈，想出一个主意，他提议："你以后录音的时候，叫几个真人坐在你面前，你就会放松，就会说得很好。"

迈克之后照做，果然，效果惊人。他问方强，这是什么招？

方强说："你的问题不是能力问题，是性格。我们要根据节目的不同，拿出自己性格的一部分去凑、去演，演出听众心中和我们自己之间成为那个交集的人。"

他又分析："迈克，你是个孔雀开屏型的人，所以，要有听众，听我的，下次没有听众，你就在话筒前摆一张喜欢的女生的照片，越得不到的越好，你越有表达欲。"

过了几天，迈克拍了一张他坐在话筒前，女明星高圆圆的海报就放在一侧的照片发给方强，方强哈哈大笑之余，将这段故事，和之前的点评截图，再发布在朋友圈内。

那天，方强数了数，点赞的、评论的人加起来有几百条，这说明什么呢？

方强仔细思考了，说明太多人需要声音教练。

是的，声音需要调教，可以表演。当不了主持人，可以当主持人的师父啊，当不了主持人的师父，可以给想当主持人的、类似主持人专业的人做师父啊。

方强接下来做了三件事：

1. 他继续更新类似的朋友圈。

2. 将这些朋友圈挪出微信，发布在各个网络平台，编辑成更专业的意见。

3. 联系这些网红幕后的公司，表示自己可以做他们的教练。

方强的第一个活儿，是迈克介绍的。后来活儿越来越多，每成功一单，方强就会在朋友圈晒出当天的工作照、工作笔记、心得。微信好友中，但凡有人有这方面的需要，哪怕只是要当众发个言，都会第一时间想到方强。当这件事能养活方强时，方强注册了个小公司，"方强声音工作室"的牌子就挂在公司门口，他在朋友圈发了张照片，还附上一段话：

"感谢大家，从最初闹着玩评点各种音频、视频，到今天以此为生，全靠各位给我的点赞、鼓励、提醒、机会！"

岁末，有杂志要做新型职业的采访，一位久未联系，但一直关注着方强朋友圈的记者朋友私信方强：说说呗，看你每天晒声音教练这个行当，真有趣啊！见面聊，看看适合我的角度是多少？三十度？四十五度？还是九十度？

好，看完了方强转型的故事，我们来看另一个事例。

王婷，生完孩子后不久，就辞了职。起初还想再找工作，但家里需要人，老公挣得也不少，她一歇就是五年。从去年开始，老公所在的外企业务量减少，从天天加班到不再加班，从很忙到渐渐不忙，老公回家时不免长吁短叹。

一次，老公对着信用卡账单，嘱咐王婷以后要省着点花，却又听到王婷说，手机丢了，要再买一个，他忍不住说了王婷几句，把多日来怕裁员、怕失业的郁闷和盘托出。老公再长吁短叹时，王婷便再也坐不住了，她开始琢磨如何增加家庭收入。

如何增加？

王婷不是一个盲目的人，她仔细思考，她的优势、劣势。

劣势，不用说，脱离社会太久，朝九晚五不适应，家里也离不开人。

至于优势，除了时间相对自由，王婷一时半会儿想不起来，但她从前做过和销售有关的工作，会分析数据，这帮助了她。

王婷分析的是她朋友圈的数据，也就是发什么样的朋友圈，点赞率最高，评价最多，不仅强联系的人会主动回复，弱联系的人也会冒出来，可见话题吸引人，她说得好，说得有趣，有说服力，为对方提供了价值。

王婷最受欢迎的朋友圈是关于童书的推荐，这件事她很有发言权。

她爱看书，选书有自己的方法，比如童书，她会找那些获过大奖的书，尤其国际大奖的。电视上，有教育专家、知名的作家推荐童书，她会第一时间买来，研读后，发布读后感，和孩子一起读。王婷还有一个独门秘籍，生活中、微信朋友圈中，凡是三个不同的家长提到了同一本书，她一定要找到它，让自己的孩子读，王婷的理由是，孩子也需要社交，不能和小伙伴没有共同语言。

王婷的副业用以下流程开展：

找阅读类、儿童类网站、App，注册账号，发表自己关于童书的短评，第一波发布的短评来自她过去的朋友圈。

渐渐地，有出版社、App、网站联系王婷，愿免费给她书，有时，就是新书试读，让她做第一批读者。他们约王婷写书评，大部分是没有收入的，但借此，王婷和他们取得了联系，这些出版社、App、网站的营销人员，基本上都成为王婷的微信好友。

王婷加入各种阅读群、童书群，很快成为群中活跃分子。由于和童书出版单位有联系，每当她推荐一本书，许多人表示想读时，她就会和出版单位联系，谈折扣，挣差价。

王婷开始建立自己的公众号、自己的童书群，第一批入群的，很多来自她的微信好友，其中一位表示："亲爱的，我平时只给你点赞，没和你聊过天，但看你天天发布怎么教孩子读书，你怎么挑书的，觉得你特别专业，我相信你！"持类似说法的人还有好几位。

王婷的童书群每周她都会领读一本童书，她还把得到的赠书作为奖品定期抽奖送给群中的妈妈，只有一个条件，将她童书群和公众号的海报张贴到各自的朋友圈中。

与此同时，王婷在朋友圈中开始晒各个时间节点，她里程碑式的业绩。

比如，"某本童书团购，一小时卖了一千册。"

比如，"今天，第五个童书妈妈群，建立了！"

比如，偶尔能请来童书的作者录个简短的视频向群友问好。

王婷还干脆把微信名就改成"童书妈妈·王婷"，辨识度更高了。

王婷的副业不到一年就做起来，不但没有耽误她带孩子，还帮助她成为更好的妈妈，没有让她花费更多力气，这是她擅长的方向，不过就是多些经营和策划。

让王婷没想到的是，一天，有人来找她开展新的合作。来者何人呢？之前，王婷去看过一场话剧，话剧的主办方在演出休息时，曾要求全场面对面进群，导演和演员在演出结束后，在群中会做分享。代表主办方建群的这位小伙儿之后加了所有人，王婷也在其中。他俩没聊过，有时，王婷会在朋友圈里看这小伙儿发各种剧目、演出的消息。他很少给王婷的童书短评点过赞，大概是没有孩子的缘故吧，但王婷每每发布里程碑意义的业绩时，这小伙儿会回复一个"棒"的表情。

小伙儿姓张，他找王婷谈的是，希望借用王婷的平台，做一波童书加儿童剧票打包卖的新年大礼包的操作。

这单合作，王婷接下来了，她思考的是，业务拓宽了，她的微信名要不要改一改了？

好，两个事例，是不是给你启发？令你振奋？

看不见的熟人，朋友圈和我们有弱联系的人，对我们来说，绝不是毫无价值。

他们的价值体现在至少三点：

1. 可以做市场调查、做测评；

2. 找准方向，是你能发动的第一批粉丝；

3. 时机合适，会给你提供合作机会。

方强也好，王婷也罢，其实我就自己而言，长期以来，就会把强联系、弱联系参半的微信好友们当作市场调查的对象。

调查什么呢？

我发什么样的内容最受欢迎。

要知道，关系好的人，强联系的人，你发什么对方都会有回应，他们的回应是一种社交。

而弱联系的人，潜伏在通讯录中的人，如果一条朋友圈，连他们都不禁点赞，不禁回应，就说明有普遍意义。

网上流传了各种各样的朋友圈高赞指南，从语录到照片都应有尽有。

我的建议是，与其模仿别人，不如挖掘一下自己，人们对自己的了解，总是没有想象的那么多。

因此，整理一下数据：先往你之前的朋友圈翻，最容易得到人们秒赞的是哪些内容？评论最多的是哪些？在真实世界里，最容易得到被人问到的你发过朋友圈的状态是什么？

其实这就是你与众不同、闪闪发光、吸引人注意的点，也是你可以在虚构与真实世界中重新挖掘、好好放大的优点，甚至可以成为你的副业，另一种人生的开始。

除了整理数据，你还可以在你着意想发展的那个方向，在关键的时间节点，晒有里程碑意义的业绩，发布重要的告示。

你总得让大家知道你在忙什么，做得怎么样，需要哪些帮助，人们才会伸出友谊及商务之手吧！

线上识人
与离开的礼仪

CHAPTER 6

线上识人（上）

这一章，我们将先用两节的内容，具体谈谈如何线上识人；再用两节的内容谈谈离开一个人、一个集体的微信礼仪；最后我们会谈谈，怎样通过微信养成仪式感。

好，先来看，如何线上识人。

一、线上识人，通过什么识？

线上识人，一般通过三方面来识别：

1. 通过资料包，也就是微信的头像、网名、签名档、朋友圈更新。

2. 通过私聊、群聊中的表现。

3. 通过线上、线下的对比。

二、线上识人，识什么呢？

这里的"识"指"识别"，包括五方面的内容：识别一个人的基本情况是什么，目标人设是怎样的，读懂对方发来的信号，识别对方的信用如何，以及把握一些会促进你们交往的关键要素。

下面，我们一一来说。

1. 识别基本情况。

也就是对一个人有基本认识。

往浅了说，识别对方是男是女、年龄多大、爱好是什么、本职工作、关注点、性格、情趣等等。

往深了说，识别对方是否有边界感、做事是否有分寸、情绪是否稳定。

以原创朋友圈为例：

一个精明干练的女白领，周末在朋友圈晒她的爱猫，说明她有趣、有爱心，但如果每一天，朋友圈的主题都是猫，从某种程度上说，她不够专业，边界感不强，因为她的微信好友，绝大多数都是工作往来对象，而猫代表的私人生活比例太多。

以发表图片为例：

发孩子照片时，从不发正面照，关键信息一定会做处理的人，边界感很强。

发集体照，不仅P自己，还P别人的，发之前，还问一问照片中的人是否同意的人，边界感强，而且情商很高。

微信头像的图片更换频率频繁的人，情绪不会很稳定。

以转发为例：

一个人，不断转发"是中国人就转""吃什么能防癌"之类的帖子，一看就是骗局的消息，说明对方是一个极易被煽动的人。

一个人就一些公认有问题的观点，持明显三观不正的态度，或许对方三观真的就不正，或许说明对方刻意标新立异、哗众取宠。

2. 识别目标人设。

也就是对方想呈现出什么样的人设？**这涉及你和对方交往的方式。**

公之于众的一切都是营销，真相、假象都是事物本质的反映。

一个没有刻意经营的朋友圈本身就说明，它的主人对自己的形象不在乎。

经过刻意经营的朋友圈，有过滤，有筛选。筛选、过滤已能说明一个人对自身形象的认知，希望别人用什么样的方式来对待自己。

一个人坚持在朋友圈打卡，每周都会读一本书，说明他希望和他交往的人都把他当作一个有自我管理能力且有文化的人。

一个人不断晒徒步旅行、爬山的照片，不用说，他的目标人设就是活力四射且注重生活质量。

3．识别信号。

识别信号，读懂信号，你才能准确地释放信号，回应信号。

识别哪些信号呢？

识别人际关系的信号。一个人和谁交好？哪些人是一个小圈子？

识别情绪信号。对方忽然沉默，或者根本不回答你的问题，或者一条朋友圈下面回复无数，只有你的那条对方不回复，你就要想一想，自己是不是触碰了对方什么禁忌？

识别和你要达成的社交目的有关的信号。

比如，你想找一个健身教练锻炼身体，而对方的微信名已经变成"××保险代理"，很明显，人家已经改行了，你就不必多此一问了。

识别对方对你的信号。朋友圈的回复中，一对一的聊天中，对方有没有主动发起过？你主动发起时，对方是秒回，还是不回？对方你有没有兴趣，都在其中。

4. 识别信用。

通过常识识别。

一个律师曾对我说过，记住所有邀请投资、P2P、介绍项目的都是骗子，所有银行推荐的股票、基金都不要买。好的项目、投资机会，都是靠抢的，不会有赚钱的机会别人不投来找你投。

同理，找你借钱的，把你夸得天上地下的，一切好得不像是真的事忽然就降临在你身上的，都要警惕，信用可疑。

通过一个已知答案的问题识别。

在一对一的聊天中，提问不一定为了得到答案，而是为了看对方的反应。

一些问题，你可以进行资料搜集，查阅之前的私聊、群聊记录，做一个基本了解，问问题，对答案，只是看对方是否诚实。

比如一个海归，他明明毕业于A学校，回答你的提问时，他表示他毕业的是B学校，那么他的信用就存疑。

比如，你明明在楼上看见他刚才是骑摩拜单车来的，现在，你在线上问他：你怎么来的？他回答：我开车来的。他的信用也存疑。

通过你们有交集圈子的熟人来识别。

这熟人肯定不是你们的介绍人，一个人的口碑是他最大的信用；一个人周围的人，超过一半说他不好，一定要引起戒心。

我有一个社交标签，可供网络那端的你参考。

如果一个刚加上我微信的人，和我闲聊时表示，在圈子里、行业中，谁谁他都认识，我就会对他存疑，事实上，谁都认识，谁都熟，大包大揽，什么事都能办成的人，可能什么事都办不成。

因此，我识别对方的信用，会专门挑一个行业内我认识的名人问对方，这人你熟吗？如果对方答是，我就会马上私信这位名人，进行验证。

这里就要说到，识别信用时，**要尊重你的直觉**。

叔本华说，我们的本能比我们想象的要理智得多。经过这么多事以后，我们的大脑已经有自动筛选、趋利避害的机制，所以，你发现对面的人第一次就让你感到不舒服，勉为其难地交往，事实一般都会证明你的本能没有出错，之后会一直勉为其难。

甄别信用，有可能杀敌一千，错杀一百。但肃清朋友圈，才能减少社交负担，增强社交目的达成的成功率。

5. 对于重点的社交对象，还要识别、判断会影响你们交往的关键要素。

关键要素，一般包括关键时刻、关键动作、黄金时间、黄金话题四个方面。

关键时刻，即对方最重要的日子，最需要别人过问、安慰、祝福、帮助的瞬间。

关键动作，即对方需要什么样的过问、安慰、祝福、帮助。

黄金时间，即一个人最适合和他谈某件事的时间。与此相对，最不适合谈某件事的时间就是非黄金时间。

黄金话题，即一个人最有表达欲的点是什么？最能让对方滔滔不绝的话题是什么？你们之间聊什么可以聊很久？聊什么能拉近距离加深感情？反之，非黄金话题，就是别提什么，一定不能聊什么，聊着聊着就会把天聊死，把人聊到拉黑的话题。

三、线上识人的目的，以及识别完，下一步动作是什么？

我们识别一个人，是为了判断，他可交不可交，是深交还是浅交。

在信息爆炸的年代，在精力有限的年纪，不要让无效社交耽误了自己的人生。

何为有效社交呢？我总结过两个标准：或者高兴，或者推进。

放在微信领域，简而言之，和你说话的这个人，你进入的群，虽然没有什么实质性、短时间能见到的效用，但也没耽误事，重要的是你高兴了。在交谈中，一句、两句话提点了你，让你得到滋养，或是抚慰，总之，你度过了一个愉快的时段，这便是有效社交。

或者，你虽然不愿意去做，不愿意和面前这个人交谈，他可能是一个难打交道的客户，可能是一个不好应付的领导，可能是孩子的老师来告状的，但你正在讨论的话题，参加的会议，因此联系紧密，要去落地、加入的活动，能让你手上处理的事往前进一步，你没有特别高兴，甚至对心情有一点点影响，但只要不是太为难，因为推进了，这也是有效社交。

或者高兴，或者推进，是我们衡量一个人值不值得交往，一件事值不值得去做的标准，二者符合其一就行。但太高兴以至于耽误推进，大跃进却耽误身心健康，也不算是有效社交。

有效社交，需要我们把身边的人分类，再管理他们。

线上识人的目的也在此，我们大体判断清楚一个人是什么样的，下一步动作就是选择远离、屏蔽、清除，还是接近、亲近、重点关注，和他重点来往。

下一节，我会具体告诉你，要远离哪些人，又要重点关注哪些人。

线上识人（下）

上一节我们谈到了，线上识人的目的，是为了我们的有效社交，先大体判断清楚对方是什么样，决定下一步的动作是选择远离、屏蔽、清除，还是接近、亲近、重点关注，和他重点来往。

先来看，远离、屏蔽、清除哪些人？

首先远离负能量爆棚的人，这种人分为三类：**有性格缺陷的人，抱怨型的人，麻烦型的人。**

有明显性格缺陷的人，会表现出在精神上不断凌虐你，肉体上不断伤害你。

这样的人，亲人也好，爱人也罢，都要选择离开他；不能离开，也要尽可能减少接触的机会，因为这样的人会成为你负面情绪的源头。

回到微信，还记得那条北大女生自杀的新闻吗？从当作证据的微信聊天记录来看，她的精英男友是PUA的忠实用户，掌握了如何用语言控制她的方式。

试读几句，男友给这位女生的微信留言："记住你的一切都是我的""不许再和我说不""你就是个垃圾"……

类似的谩骂、紧逼，或动辄扬言要杀你全家，一再找你借钱，用各种理由欠钱不还，如果出现在你的微信好友和你的交流中，让你感到不快、自卑、恐惧，拉黑他。

除了性格缺陷，有一种人，他不是故意想伤害你，他只是受负面情绪的影响，无法摆脱，变成了一个不停抱怨的人。他不断找你聊天，其实是在浪费你的时间和情感，也会让你也变得抱怨、啰唆，针对这种人，选择远离他，或者屏蔽他的朋友圈，除非人命关天，少回复、不回复，刻意保持距离。

怎样识别他们？一个技巧：如果一个人连续三次跟你抱怨同样的问题，你也给他答案了，他仍然不去解决，第四次，你就该远离他。

因为他永远不会改变，他唯一的快感不在于解决问题，而在于跟你抱怨这个事情本身。

而麻烦型的人，是不能对自己行为负责的人，边界感弱，能力差。现实生活中的傻白甜没那么可爱，用俗一点的话说，就是惹祸精。

麻烦型的人一有事就私聊、群聊求助，一言不合就在朋友圈更新各种委屈，事情解决了，马上摆出讨好的姿态，谢谢这个，谢谢那个。一旦闯了祸，又开始在朋友圈道歉，一般都用感恩的口吻表示感激谁谁的体谅……这些都是信号。

如果你想你的人生除了帮忙，还能有点别的，那就远离麻烦型的人，控制他们能麻烦你的范围。

此外，要远离的人，还有一种人是职场习惯不好、浪费你时间的人。

这类人，要及时发现，及时止损。他们在一件事情上，和你没有共同的欲望、合拍的节奏、相应对等的能力，却又和你是合作者。他们会拖延你的进度，影响最终目标的实现。

他们的表现是：沟通时，态度很敷衍，废话很多，迟迟不回复，回复也不着边际，事事没有回音，每次不了了之。我们在私聊、群聊中提到过的所有禁忌，都可以列为标签。

你要做的就是早点换人，或让项目尽早结束，之后，再也不要和他打交道，并将之屏蔽出合作、工作的社交圈，因为这类人也许善良、无害，但也无用，你和他们相关的一切事都是做无用功。

谈完要拉黑、屏蔽、远离的人，看看什么样的人，是值得我们接近、亲近、重点关注和来往的呢？

除了原有的亲密好友，和你人生目标相似的人，最值得接近、

亲近、重点关注和来往的人有以下几类。

我们以职场为例。

如果一个人的职业生涯可以按短期、中期、长期来划分目标；我们可以将目标用活生生的人来做标记，这样更现实可见，有激励性。在微信领域，就是要加上象征我们短期、中期、长期目标的人，与他们从弱联系逐渐升级为强联系。

先来说短期目标的人选，我建议就在自己的单位，选择一个近的目标，目光可及的地方，或者你的老大、非常优秀的同事、隔壁部门的某人都可以。

他的能力，他对家庭、事业的平衡，他高超的策划能力，他穿职业装的样子，都可以是你的短期目标，就是你三五年后想成为的那个样子。

找到目标，去学习他、模仿他，努力成为他的朋友、他的手下，尽可能得到他的滋养和点拨。

关注他的朋友圈，看看他对什么话题感兴趣，他是如何平衡工作和生活，业余爱好是什么。

和他对话时，看看人家的行事作风、沟通技巧、职场习惯。

距离拉近后，你有困惑，可以请教，他不能直接解答你的，你就要像学徒一样，跟在旁边看，都会受益良多。

有了短期的目标，你还需要再选择一个中长期的目标，他是你想象中十年、二十年后的样子，甚至是你终生奋斗的职业目标。

我们设想一个场景，你参加了一次高端行业培训，听到迄今为止最振聋发聩的行业演讲，见到那个最吸引你、让你心潮澎湃的业内精英，人们口口相传，被当作传奇的行业标杆，你有没有见贤思齐，暗暗握紧拳头，"我也想成为那样的人"的想法？

对，他就是你的中长期目标。

关注他的公众号，去他所在的群，和他的朋友有交集。

有机会，有机缘，努力上前，加上他的微信，哪怕不说话，只是看看，围观对方的生活。

而后，再去研究他的奋斗轨迹、教育背景、在哪些平台待过，研究是不是有一天，你也可以跳到他在的那些平台？从现在开始你需要做哪些事？你的履历还要加上哪些？

在重大行业事件发生时，观察他的反应；他遇到困难时，发布什么言论，这些在职业前景不太明朗时，尤其重要，因为，偶像的轨迹，就是你能看到的明天。

我们在前面提到识别信号，如果你的长期目标忽然发出一条招聘消息，你及时捕捉到，是不是就和你想成为的人更接近了呢？

下面，我们以一个办公室为例，来看看线上识人如何帮助并加深我们的线下交往。

茉莉，女，刚跳槽，她来到了A公司的B部门。一进单位，她就把本办公室的几个同事和相关领导加进微信里，以下是她在微信上对同事们的认识。

同事海棠，女，平时爱在朋友圈转发各种新闻，占大比例的是行业前沿类、文化类的，还有她独立的见解，说明海棠的目标人设是专业、敬业，她也希望别人与这样的自己来往。

海棠的朋友圈设置了一个月可见，茉莉关注了她一段时间，发现她从未泄露过真实生活的半点信息。

海棠一周前曾在工作中和经理枫树有过误会，后来误会解除，海棠是受了点委屈的。但，茉莉翻海棠一周前的朋友圈，以及她在群中、私聊时的发言竟然找不到低落、失落的蛛丝马迹，说明海棠有很好情绪管理的能力。

同事牡丹，女，无时无刻不在发布朋友圈，一天下来，总有几十条，像个话痨，她的边界感不会很强。而她一直发布朋友圈，却从不见她给别人的朋友圈回复、点赞，说明她还很自我。

牡丹在朋友圈发自拍图片时，总是发不太像自己的美颜图，看来不是很自信。

牡丹也发别人的照片，但包括聊天截图在内，都不取得对方同意，边界感很弱。

同事青松，男，总是秀深夜加班的灯光、周末各种培训班上的留影，关注的数据只有好数据，说明他希望人们，尤其是他的同事、领导对他的认知是肯学、肯拼的。

青松是个周全的人，茉莉发现这一点源于茉莉一次给青松的朋友圈评论，很快他也给自己的朋友圈点赞，这是一种回应。

另外，青松的职场习惯也很好，茉莉有时就工作请教青松，青松要么秒回，要么有事没回，一定事后解释。

同事柏树，男，平时温文尔雅，但动不动就在夜深人静发布朋友圈，说活得很糟糕，想死，想杀了谁，看来情绪不是很稳定。

柏树发自己的健身图片时，图片中，近乎半裸，说明很自恋，且边界感弱。

柏树不太注重细节，比如工作群中，有人@柏树谈事，他没反应，但少顷，就看见他又在别人的朋友圈下闪电般回复。

同事菊花，部门经理，女，晒了工作，还要晒家庭，每一项都完美，无懈可击，人生赢家，也许这就是她想打造的人设。

菊花发布周末在家陪孩子的照片，并附上图注"期末复习就是比拼嗓音"，还打了一个尴尬的表情，以示劳碌。

茉莉注意到全办公室的人都给这条朋友圈点了赞，隔壁办公室的水仙姐在菊花的朋友圈下评论道："考完，带孩子们一起去游乐场？"

茉莉马上心中有数，水仙和菊花的关系不错，她们的交情从公到私，已经发展到第二层。

同事杉树，是大领导，男，平时不发朋友圈，只在单位、行业出现上市、并购等大消息时发，或新闻联播中出现他关心的国际新闻时才偶尔转发下，说明他就是想维持威严、很忙的形象。

杉树的每条朋友圈下菊花都会点赞，茉莉认为，菊花是杉树派的，因为杉树的竞争对手是另一个大领导杨树，和菊花从不互动。

观察并判断完身边的人，茉莉决定亲近海棠，和牡丹保持合适的距离，远离柏树，听从菊花命令之余，表现出对杉树的尊敬，和菊花闲聊时，向她讨教工作家庭的平衡术，果然打开了菊花的话匣子，遇见水仙，茉莉也保持了相应的礼貌。

茉莉平时没什么机会见到大领导杉树，但一次会议，茉莉引用了一个数据，恰恰是杉树前一日转发在朋友圈中，并发表观点的商业案例，这引起了杉树的注意。

茉莉选择的短中长期目标，分别是：海棠，菊花，杉树。

他们一个冷静克制，一个完美平衡，一个已经成为行业传奇。

这便是茉莉想象中的三年、五年、十年后的自己。

至于青松，经过一段时间的相处，茉莉对青松有了好感，但在公司群里，茉莉发现，只要青松出现，牡丹都会接话。

茉莉在各种大群、小群中搜牡丹的名字，搜出几百条记录，竟然都和青松有关，所以，传闻牡丹对青松有意思，茉莉并不意外。

但牡丹和青松是否真的有暧昧事实呢？茉莉并不觉得。证据是，牡丹和青松出过一次差，茉莉特地打开微信运动观察了下，牡丹的步数是一万两千步，青松则是两万步，很明显，两人办完公事，就没在一起。

一个深夜，青松发了一条朋友圈，是加班的灯光。

茉莉马上私信青松：你还在办公室！！！

注意，茉莉打了三个感叹号，这是夸张，也是拉近距离的表现，因为夸张也是一种亲昵。

青松回：是的，还有点活儿没干完。

茉莉说：我有个快递，不知道送到没，能去前台帮我看下吗？

青松如果说，我现在很忙，茉莉就没戏了，但青松说，好的。

这时，茉莉又对青松追了句，快递其实是零食，加班如果饿，你先吃点垫垫。

以上，就是茉莉在格子间中，通过线上识人，对线下的工作、社交做出的有力补充。

相信她在这间办公室，在这家公司会越做越好。你会说，也许她太盲目了，太相信自己的一些判断了。

但，还是那句话，人要有自己的社交标签，尊重直觉，尊重你过往的经验在直觉中的体现，它会帮助我们做出正确的选择。

好了，这一节到这里就结束了。接下来让我们来看看，在线上沟通中离开一个人、一群人的礼仪。

第三节

离开的礼仪

从零到一认识一个人，从一到无穷升级关系，将弱联系变成强联系，可是，在这些过程中我们总不能避免，和一些人的关系会从强联系渐渐转回弱联系。甚至零联系，当你在微信上离开一个人、一群人时，无论主动离开，还是被离开时，分别要注意什么？有哪些礼仪？

我们将探讨三种场景：

场景一，在微信上你要如何主动离开一个人？

场景二，你离职了，如何告别、交接？

场景三，有人离开你，主动向你告别，你该怎么做？

先来看场景一，在微信上主动离开一个人，主要通过拉黑、删除、屏蔽、换号、分组可见这几种方式，在选择不同的方式时要注意不同的情况。

对于引起我们不快、带来伤害的人，可以选择拉黑，但拉黑前，要留下重要的证据。

对于删除的人，再想联系时，可以偷偷加回来。

对于屏蔽的人，如果在乎对方的感受，要小心别让他知道你屏蔽他。

最温和的淡出、离开方式，是换号或分组可见。

我们以一个事例具体说明一下。

何丽是我的一个网友，我们认识多年，她年过三十，未婚，形象气质佳，温柔，但也有些虎。何丽的领导杜总，男，已婚，四十有余，在何丽入职时，他曾给予过何丽许多帮助，在大部分人眼中，杜总温文尔雅、善作周全、乐于助人。可是，杜总听说何丽大龄单身，动了些不该有的心思，你懂的，他们之间的一些对话，涉及职场性骚扰。

何丽总在夜深人静被杜总的语音通话吵醒，其实也没什么马上就要解决的急事。

有时，杜总会发些何丽不知该怎么回复的微信，比如："睡了吗？""醒得够早的！""我喝多了。""到家没？给我发张照片，让我放心。"这种情况愈演愈烈，尤其在何丽和杜总一起出差时，杜总甚至要求何丽半夜去他的房间，讨论业务。

当然，何丽没有让杜总得逞，惊慌的她在又一次被露骨骚扰时，愤然拉黑杜总，她表示，有什么话以后在工作群里说吧。这时，快年底了，为了年终奖，何丽打算忍，打算熬完春节，拿到年终奖后提出辞职，彻底远离杜总。

部门年终考核，自然，何丽成绩最差。

年终奖本来是三薪，可何丽得罪了杜总，三薪变成一薪。

何丽还没说要走呢，公司就已有各种各样的传闻，说她消极怠工、假学历、拿客户回扣等，何丽忍气吞声，直至她去面试新工作，一路通关，但在最后环节被新公司的人力资源通知，背景调查没有通过，理由是前单位的领导，也就是杜总，对她评价太低。

何丽必须反击，用事实证明，杜总对她的一切描述均出于私怨，至于梁子怎么结下的，何丽能拿出的最有力证据就是聊天记录，可是，她已经把杜总拉黑，聊天记录清空，她在朋友圈、工作群中的讨伐就显得既无力又像是无理取闹。

何丽在朋友的提示下，想到现有的手机是没有和杜总的聊天记录了，但她半年前换过手机，她特地翻出旧手机，值得庆幸的是，其中，杜总和她的一些聊天记录还在，她截了图。与此同时，何丽将自己的学历证书拍照，在知网上下载了自己的毕业论文，去学校网站，截带有学校院系信息的毕业照，并将自己过去两年也就是在本公司工作的两年，微信及个人银行卡上的收入往来拍照，写了一篇简短的交代事情始末的文章，一并发在朋友圈、前公司群中，并抄送邮件给面试单位的人力及前公司的大领导、杜总的上司。

何丽不仅让假学历、拿回扣等流言不攻而破，还揭露了杜总的真实面目。

何丽的例子给我们的启示是：面对引起不快、带来伤害的人，拉黑是必要的。

但拉黑一个人前，涉及可能会引起冲突、争议的事，要留好证据，证据包括：

1. 重要的聊天记录；

2. 转账记录；

3. 语音通话的录音；

4. 叙述前后因果时，能作为补充的朋友圈、照片、小视频。

对于关乎个人尊严、利益的极端事件，留好证据的同时，还要用群、朋友圈、邮件等方式，公开发出告示，知会相关人士，情况特别恶劣时，可以诉诸法律。

这就是离开一个人的第一种方式：对于引起我们不快、带来伤害的人，可以选择拉黑，但拉黑前，一定要留下重要的证据。

第二种方式：更多时候，我们离开一个人，会选择删除。

我们在日常交往中，真的需要公开决裂、绝交的人不会很多。大多数时候，都是一言不合，默默删除，彼此消失于对方的视野，自此天涯不相问。

比如，一个人与我们没有太多交集，当我们定期整理微信好友时，我们就会删除他，将他清除出通讯录。

这里，涉及一个技巧，如果有一天，你遇到一个人，他曾是你的微信好友，却已经被你删了，然而，现在你需要和他在微信上谈个事，也就是说，你们又恢复了联系，再去主动求加，很尴尬，不是吗？

其实，很简单，在微信上被你删除而不是拉黑的人，你可以让你们之间共同的朋友再推一下他的微信给你，你偷偷加上，对方不会发觉，就像你从未离开过。

第三种方式：你可以屏蔽一个人，相对来说是比较安全、优雅的"离开"，但是对于屏蔽的人，如果在乎对方的感受，要小心别让他知道你屏蔽他。

你不看一个人的朋友圈，点开他的微信名，右上方会显示一个黑色的小人，如果这个黑色的小人被当事人看到，就会引起他的不满。

举个例子，一位叫糖糖的女生自学生时代就暗恋一位叫勇勇的男生，说是暗恋但基本上算是明恋。勇勇在学生时代就拒绝过糖糖，多年后再相逢，和糖糖还是好友。但糖糖在朋友圈中总是针对性地对勇勇表达爱意，勇勇感到不胜其扰，于是他屏蔽了糖糖，不看她的朋友圈。

一次，有人在群里找勇勇要糖糖的微信，勇勇不知怎么推微信名片，就截了糖糖的微信名图片发送过去，那个黑色的小人如此突出，几乎在群里的所有人都知道勇勇屏蔽了糖糖，糖糖知道后，很伤心，她没有因当年的拒绝和勇勇翻脸，这下却因为一个黑色的小人一怒之下，拉黑了勇勇，经岁月沉淀，原本值得珍惜的情分，就此化为乌有。

第四种方式：最温和的淡出、离开方式，是换号或分组可见。

如果你想选择一种温和的方式离开、淡出，与其屏蔽后不让他看你的朋友圈，或是你不看他的朋友圈，不如选择换号，或分组可见。

我的朋友圈中就有专门的故人一栏，一些事，我不愿和非现在进行时的人交流、分享，那我的这一块儿就不给他们看，不伤感情，也不违心。

以上就是微信上主动离开一个人的四种方式，你可以根据具体的情况选择合适的方式。

接下来，我们讨论场景二，离开一群人时，如何做才得体，以

职场跳槽为例。

离开一个单位，势必要离开一群熟悉的人，涉及微信的交接，主要涉及两部分：

1. 交接具体事务，包括你经手的客户、项目、文件、文档、工作微信等；

2. 各种微信群，哪些群要退，哪些群要留。

针对这两部分我们逐一来看。

第一，交接具体事务时，用一对一的引荐把客户交接明白，用表格的方式尽可能清晰地把工作交接清楚，单位属性明显的微信号，交给接手的人。

客户，最好一对一引荐，把人交接给人，拉小群交代，你可以这样说："现在，我因个人原因要离职，某某老师您之后有什么事请和我的同事谁谁联系。"这里某某和谁谁，你要做个简单的互相介绍，可以在他们面前对另一方加一两句好评，如"靠谱""亲和力强""很好打交道"等。

项目、文件、文档交接时，要交代进度、注意事项、相关联系方式，最好列出一张表，并留存交接清楚的证据。

如果单位要求和工作相关的微信号也需要交接，哪一类微信号该交接呢？举个例子，如果你是"美丽服装店"的销售，你用于和顾客联系的微信号以美丽服装店的名字为微信名，离职时，应将这个微信号交接给接手的同事。

第二，你因工作成立的微信群需要解散退出，单位大群默默退出，部门小群郑重道别，有社交性质的群，可以保留，未了的项目群，做个小透明、隐身人留下，需要出现时，责无旁贷发声。

单位要求你因工作成立的微信群必须解散，必须退出，你应服从安排。

最好的方式是，有目标地单独添加因工作往来的人，逐一解释你要走了，以后可以保持联系，后会有期，希望有合作的机会。但这个号不再用了，这个群之后就解散了。

至于单位的群，大的公司群，几十上百人的群，在离职时，不用出声，不用发告示，默默主动退出就好，因为被动被踢出会很尴尬，一直留下也没有必要，特地发表我要走了的消息，又有些小题大做。

小一点的部门群，可以郑重告别，该感谢的感谢，该澄清的澄清，如果有前面提到的何丽的情况，因为关系近，大家黏性比较强，彼此知根知底，则可以留下。

纯粹的工作群，可以退；带有社交性质的群不用退，除非你不想继续来往。

还有一种工作群是不要退的，就是你未了的项目，虽然已经交接清楚，但出于个人品牌、口碑，以及对项目、对客户的负责，尽量留下来，其实能帮上什么忙，未必，可这是一种姿态，说明你敬业，人走茶不凉。

总结一下，今天，我们离开一批人，最常见的场景是毕业或离职。

好好说声再见，是对自己负责，也是对别人负责，是对做过的事负责，也是对未来要走的路负责。好的离别姿态，会给你带来意想不到的收获。

最后，我用两个事例来说明。

第一个例子：

一位实习生在一家今天已经很出名的互联网公司实习了三个月，他只是做接打电话的服务生，做售后服务。

实习完，他要走了，除了交接各种工作，还提供了一份文档，发在工作群，这是他整理的几个月来客服工作中集中出现的问题，以及能想到的解决方式，提供了可行性强的建议。

这家公司的老板看完这份文档，意识到这位实习生是难得的人才，立马追过去，要高薪聘请他，只等实习生论文写完，正式毕业，就来入职。

第二个例子：

我在一家公司工作时，曾有一位很仰慕的同事，因为对方能力很强。

但是我们几乎没有交集，交集仅限于对接过一个项目，最后还不了了之，当然，我们彼此都有微信。我离职的时候，特地找这位同事告别，私信他，我是这么说的："某某老师，在单位工作三年，一直没有机会和您有更深的接触，但是听闻了您很多传说、传奇，现在，我要离职了，特地向您说声再见，之后，我会从事什么什么工作，希望未来还有向您讨教的机会。"

这位同事当时秒回了我。在此之前，我们没有深聊过，可能是我认真告别的姿态让对方感动，后来，我真的和他成为很好的朋友，也有过愉快的合作，也真的学习到了很多。

你看，离开是一门学问，主动离开时，不管离开一个人、一群人，还是一个机构，用心的人会将此当作一个展现自我、关系升级的好时机。

现在，我们接着谈被动离开，当别人离开你时该怎么做。

一个大原则，成年人必须接受离别，接受别人从你生活中淡出。

天下无不散的筵席，人和人之间从零联系到弱联系到强联系，强联系再回归弱联系或零联系，都是常见现象。你拉黑、删除、屏蔽一些人，经常整理通讯录、好友名单，也要允许别人这么做，没什么好纠结，这是守恒，是事物发展的规律。

这样的离别，通常没有说话、表达的机会，要表达，也无非是澄清什么，更多时候，我们会把恢复关系、解除误会都交给时间。

最后我们重点讨论场景三，有人离开你，主动向你告别，你能做些什么。

还是以职场为例，设想一下，何丽，就是我们在上一节提到的深受职场性骚扰愤而辞职的女职员，你是她的客户，现在何丽向你告别："亲爱的，我因个人原因，要离开现在的公司，和你打个招呼。"

面对郑重其事的告别，你要做的有以下三步。

第一，落实具体的事、具体的人。

要落实，会不会因为对方的离开，项目因此有变动，如有变动，收尾工作怎么安排。

要落实，你之后和谁对接。如果没有清晰的目标，让向你告别的人推荐，通常不会被拒绝。

事实上，就算工作对象没有第一时间向你报告离职、离岗信息，你有具体的事和他再联系时，他表示已经不负责这块儿业务了，你提出类似"给我介绍个可以聊这件事的人呗"的要求，十有八九，都会得到回应，因为这表示你信任他，才会信任他推荐的人。

第二，多问一句，对方离开后的动向、离开的原因。

我们在之前的课上，已经多次提到，今天是个流动的时代，行业已经成为一个大单位，大家跳来跳去，山不转水转，山水还有相逢日，说不定哪天又在一个新的公司见面。就算是转型、转行，可是从一个行业出来，转，也无非就转那几个行当，更多转的是相关行业，未来还是有合作的可能。

多问一句，离开后，你去哪里？打算做什么？

既是表达对对方的关心，是一种礼貌，也是关系升级的好机会，因为抛开公家的合作，没有利益了，我们再谈、再聚就是私人交情。

多问一句离开的原因，首先表现出的还是礼貌和关心。

如果对方有困难，是不是这时你可以提供一些力所能及的帮助？包括提供新工作的招聘信息，对方要离开一个城市了，你有一个用过很好的搬家公司，可以推荐给他，等等。

这些都会让你赢得人走茶不凉的好口碑，离开是许多人的关键时刻，甚至是最脆弱的时刻，此时，你哪怕展现的只有一丝温情，也会在他未来的日子无限放大。试想一下，对方单枪匹马进入一个新单位或新领域，需要用到旧人时，会不会第一念头想到你？从他离开的那一刻起，你的示好，其实就表示，你是他的资源，是他可以依靠的过去。

而离开的原因，也是判断、解读合作方的一种方式。

如果合作方频繁有人离职，离职的原因相似，本身就说明，合作方有问题，合作的事应该尽早停止、尽快止损。

你看，如果对方愿意说，通过多问一句，离开的原因、离开后的动向，我们会获得很多信号。

第三，是要识别信号、确定动作。

需要帮助的信号，未来合作的信号，合作方的信号……

其实，单独向你告别本身就是一种信号，或者是表达好感，或者说明对方的好教养，或者证明从现在开始，你们就是自己人了。

好，以上就是面对别人郑重其事的告别时，你要做的三个动作。

回到何丽，我们看两个一正一反的例子。

何丽在线上向业务单位对接的珍珍告别，珍珍问："有下家了吗？之后还是做这一行吗？"

何丽表示还在选择，珍珍又问，说来听听，都有哪几家？我可以帮你参考。

关于离开的原因，何丽开始不愿意说，但被杜总欺负狠了，最近珍珍因帮何丽做参考，两人频繁互动，何丽忍不住对珍珍说了。

珍珍做了以下几件事：

1. 表示愤怒、维护何丽的态度，约何丽私下里见了一面；

2. 询问自己的律师朋友，该如何取证，如何反击，并将律师介绍给何丽，给何丽提供了切实的帮助；

3. 何丽搜集的上司杜总对她的性骚扰证据，充分说明杜总猥琐、格局小，是个危险人物，珍珍几经斟酌，决定停止和杜总的合作。

事实证明，这决定是正确的。因为，之后，何丽在朋友圈、群中发起的对杜总的反击，激起了小范围内的me too运动，矛头直指杜总，令杜总身败名裂，许多项目根本无法继续进行。

何丽和珍珍原本只是泛泛之交，因为一次告别，成了好朋友。

何丽的另一个告别对象叫林峰。

林峰平时喊何丽为姐，姐长姐短，挺亲热。但在何丽说出要离职的刹那，林峰就把何丽拉黑了。

何丽是事后发现的，因为过春节，她给大家发拜年微信，忽然发现发给林峰的那条被退回了。

何丽感觉受到了巨大的侮辱。

其实林峰的心理活动我们都能理解，林峰只是和何丽的平台、职位交往，并没有意识到人和人的连接不是一时的、一次性的。

林峰认为和何丽不会再有交集，谁知道，半年后，林峰去一家业务单位竞标，展示PPT前，正在试电脑，何丽进来了，她是今天负责审核的人员之一，有投票权。

且不说，何丽这票会不会投给林峰吧，林峰那一瞬间的吃惊、尴尬全写在脸上，直接影响到他之后当众发言的效果。

何丽对林峰的评价是，势利小人，目光太浅。

何丽也对珍珍提起过林峰，她说，哪怕不姐长姐短，彼此留在朋友圈里，逢年过节点个赞，也是一种淡淡的联系啊，有用时甘若醴，无用时立即拉黑，谁还敢跟他合作，谁还敢推荐他和其他人合作?

好，以上就是在微信上离开的三种场景。离开是一门学问，用心的人会将它当作一个展现自我、关系升级的好时机。

当强联系回归弱联系，用什么维护关系？

本章是我们这本书的尾声，从认识到熟悉到经营好关系，最后我们不得不面对离别，当和一个人从强联系回归到弱联系，我们能做些什么来维护关系呢?

首先，我建议你把人分类，用你能给对方的时间额度来标记你们之间的关系。对于故人，我们可以分为:

定期见面型、特殊纪念日问候型、突发情况一定要出现型、朋友圈点赞型。

我们逐一来解释。

对于一些人，我们可以三个月、半年、一年或更久约一次，让定期见面成为一种习惯，比如，我和我的大学同学十年聚一次，和同寝室的姐妹们呢？就会一年聚一次。

这就是定期见面型。

特殊纪念日问候型，也就是，你敬重的老师，教师节，你的祝福不能缺席；你的老领导曾是个军人，那么，建军节就一定要发祝福。

过年要拜年的，生日要发红包的，老人节日问候的，你现在就可以标注在日历上，你只管忙，但是翻一翻日历，及时问候，你在他们心里就仍然是那个仗义、重情的你。

突发情况一定要出现型，举个例子，你的一位陈年好友很久没和你见面，但你们曾共度过一段美好的时光，你非常感激他。现在，他忽然发微信告诉你，他来你居住的这个城市了，想和你见个面。你无论如何都要回复他，最好秒回、速到，不能秒回，也要解释清楚。

因为对于长期不见面、不联系的人，每一次见面，都可能是最后一次见面，他对你的印象就截止到上次见面为止。这一次，你对他什么样，会在很长一段时间成为你在他心中的形象。

哪怕不见面、很久没有联系，曾一度和你交情很好的人，忽然问你：在吗？有事找你。

也最好及时回复。

因为有可能，他结婚了、生孩子了，或者忽然病了、打官司了，在人生非常重要的阶段，特地来通知你、求助于你。除非你判断对方的目的不单纯，有可能是诈骗，会给你带来巨大的麻烦，而你们的交情又不够承担这种麻烦的。

朋友圈点赞型，就是一些泛泛之交，过去关系也就一般，不能算朋友，只能算熟人，这类人，只需花很少时间，提醒对方你的存在、你没把他删了，就达到社交目标。你可以一段日子内，专门抽几分钟，集中在微信朋友圈，给这些人点个赞。

其实，维护好故交，就是在关键时刻能使用好关键动作。

何为关键时刻？一般来说，包括：

1. 重大节日；

2. 对于个体特殊的日子；

比如，你们之间的纪念日、对方的生日。

3. 对方重大人生阶段的节点；

生老病死，婚丧嫁娶，升学，住院，乔迁之喜，等等。

4. 释放出重要信号的时刻；

一个人忽然情绪特别不好，在群里说他快要自杀了，如果情绪的极限是十分，他已经达到十二分。

这就是他的关键时刻。

　　我曾在朋友圈发过一句牢骚，那一次，我去内蒙古出差，行李托运出了问题，我人到了呼和浩特，行李还在北京，什么时候能找到，什么时候能寄过来，都不清楚。重要的是，我把钱包也放在箱子里托运了，只带着手机和身份证上了飞机，基本上是举目无亲、身无分文的状态。

　　我之前合作过一个项目的小伙伴，在项目结束后，一年之内我们都没在微信上说过话了，她看到我的朋友圈，立马给我的微信转了两千块，我当时特别感动。

　　身无分文、举目无亲、不知道该怎么办时，就是我的关键时刻。

　　何为关键动作呢？

　　对于定期见面型的朋友，见面就是关键动作。

　　特殊纪念日的问候，问候就是关键动作。

　　突发情况时，你出现；对方释放重要的信号时，要自杀也好，丢钱包也罢，你的回复、回应，你问一句"怎么了？"以及转账等，都是关键动作。

　　高级的关键动作，包括固定时间出现，一再重复，具有个性的行为。

　　举两个离开微信的例子。

港剧《溏心风暴3》中，有这样一个桥段。

每年大年初一，男主角正爸都要携妻子、儿子去恩公家拜年，感谢恩公当年为他出庭作证，洗脱杀人凶手罪名的旧情。

大年初一，特殊的日子；用完整的一天，携老婆孩子去敬茶，就是正爸对于恩公维持关系、表达感恩的方式，这是针对社交目标，设计出的关键时刻、关键动作。

还有一个发生在大年初一的故事。

我的一个女友，她的婆婆信佛，于是，女友每一年的大年初一都要陪婆婆去寺庙上香，每年都是黑漆漆的凌晨，她们走很远的路，上山，善男信女不用担心，虽是凌晨，山上却挤满了人，可谓熙熙攘攘。

每一年，女友都陪婆婆去抢头炷香，虽然没有一年抢到，但是这个仪式，成为维护她和婆婆之间关系的关键动作。

回到微信，如果你每次看到一种场景都会给一个人发去照片，唤醒他的记忆，久而久之，就会训练出，他看到类似场景就会想到你，这个场景就成为你们维持联系的重要的点，成为仪式。

前面我们曾提到过，某人和朋友聊天说，台儿庄下雪了，想起上一个雪夜，你和我谈起台儿庄之战。

如果某人此后，无论是下雪，还是涉及中国近现代史上重要战争的遗址，无论是杭州下雪、苏州下雪、南京下雪、北京下雪，还是淞沪会战、徐州会战、甲午海战的遗址，都给这位朋友发照片、发消息、发定位；战争、遗址、雪，就成为他们之间的关键词，成为对方的敏感词，看见这几个词，相关的照片、消息、定位、资料，都会想起某人。

最高级的关键动作，是出现某种状况，对方第一念头想到你，他必须咨询你，一些事，只有你能做，需要你来做，在某方面，你是不可取代的。

比如，专业的事，向专业人士咨询。如果你就是在朋友们、熟人们、过去的熟人们、半生不熟的人们的朋友圈中，在某方面最具备发言权的人，你或者是个律师，或者是个医生，或者在教育方面特别有心得，在美容上是专家……你可以解决一类问题，能给人提供价值。

如果你是这样的专业人士、小能手，你拥有类似的关键动作，你会成为别人主动联系、维护关系的人。

在本书的最后，我们来讨论一个具体的问题，在逢年过节这样的关键时刻，祝福微信要不要发？这算不算关键动作？这样的动作该怎么做，才能达到让弱联系变强，强联系更强的目的？

每到新年或其他重要的节假日，群发微信总是会让网络暂时瘫痪。

但越来越多的人对收到的群发微信，漠视大于好感，一些人内心深处甚至更多涌现的是反感。

有人说，我觉得朋友群发祝福挺不走心的，反正换成是我，如果是关系特别好的朋友闺蜜等，我会回复一下，如果就是普通朋友，那就不会回复了。

有人说，我个人对群发祝福表示非常无感，首先发祝福的人就是图方便省事，群发祝福里包含多少真诚的关心可不好说，我自己绝对是很少了，很多人就是习惯在节日的时候群发，发出来的东西也千篇一律，并不能看到多少特殊感情。再者收到群发祝福的人，恐怕也都不能从公式化的祝福里感受到什么，可能这个举动最大的用处是提醒一下别人，你朋友圈里还有我的存在，我们是互相加了好友吧。

还有人说，群发批量的祝福微信还带上姓名的，我觉得特别没有诚意，也觉得发微信的人很功利，特别是关系很普通，几乎没联系的人。

那么，逢年过节的祝福微信怎么发？还要不要发？

我的建议是：

第一，有人特别讨厌群发的祝福微信，你给他发了，他也不会高兴，那就别发。

这样的人既然重点提示过你，在朋友圈也流露出类似的意思，你发了，也是自讨没趣，不会得到回应。

第二，如果你一定要发祝福微信，不如发红包，哪怕只有1.88

元、6.6元、8.8元，也比你复制、粘贴千人一面的微信更好。

第三，如果你不想发红包的话，怎么办呢？

你就发今年最有心意、最网红，或你觉得最有特色的拜年物件儿。

比如，有一年春节很流行的大头娃娃海报，用每个人自己的照片生成，因为那是你的脸，所以有标记感，也很有趣，发出去时，虽然是群发，也会得到对方好的回应。

第四，最完美的微信祝福，一定是私人定制的，所谓原创的，有你个人痕迹的。

如，你的领导，去年动了手术，你在祝福短信中，专门提到他要注意哪方面的健康。他在收到这个短信时，起码收到了你的关切之意。

即便是复制短信，也一定要微调。

发给不同行的人，找那些代表你行业的微信；发给同行的人，找那些代表你家乡特色，或者其他有区分度，对他来说感到新鲜的微信。

说到底，人人都想特殊化，都想被认真对待，哪怕你只是在消息中加上对方的名字，哪怕你只是回顾一下你们之间极小极小的交集，也会让人觉得他或她在你生命中是不一样的。

只有一种情况的群发消息，是值得谅解非特殊化的。

我的一位男同学，与前女友分手三年，所有交集只在节日的群发微信中。

男同学连续发了三年，有一天，前女友出差路过他的城市，对他说："我们见一见吧。"

这一见，就促成了他们最终结为连理。

这种群发微信被排除出常规动作之外，因为两位当事人都明白，群发微信只是一个由头，让彼此知道对方还在自己的通讯录中，还在自己的关系网中，还在心里，还在深深关怀着。

而这种群发微信，不就是我们所说的固定、重复形成了一种私密的仪式感吗？

最后，谢谢你看完这本书，希望本书对你能有所帮助，祝你沟通有术，足不出户也能拥有社交利器！

/// 参考书目

《引爆微信群：10000小时微信群一线运营精髓》 老壹、陈栋/著
（机械工业出版社 2018年5月）

《新媒体运营实战指南：社群运营 短视频运营 直播运营 微信运营》 陈政峰/著（人民邮电出版社 2019年9月）

《社群运营》 智军/著 （机械工业出版社 2015年10月）

《小群效应：席卷海量用户的隐性力量》 徐志斌/著（中信出版集团 2017年11月）

《社群营销》 杨泳波/著（人民邮电出版社 2018年9月）

《弱传播：舆论世界的哲学》 邹振东/著 （国家行政管理出版社 2018年10月）

《读英国<金融时报>学英语》 刘皓琳、邵路遥、金鹏程、贾佳、苏楠/著（浙江出版集团数字传媒有限公司 2017年9月）

《社会性别视野下的新媒体研究》 公衍峰、杨佳/著（社会科学文献出版社 2017年10月）

《互联网+新媒体营销规划丛书.新媒体运营实战技能(第2版)》 张向南、勾俊伟/著 （人民邮电出版社 2019年5月）

《从0到100万：我的微商之路可以复制》 茶茶、李国建/著（机械工业出版社 2016年1月）

《和秋叶一起学职场技能》 秋叶、萧秋水、佳少/著（人民邮电出版社 2016年7月）

《社交的尺度》 腾讯研究院S-Tech工作室/著（清华大学出版社·浙版传媒 2017年12月）

《参与游戏：顶级品牌如何运用互动营销引爆裂变传播》[美]诺蒂·科恩/著（浙江大学出版社 2019年3月）

《微商高手运营实战：微商创业、社群电商、微信营销方法与案例》龚文祥、触电会/著（电子工业出版社2017年5月）

《流量革命：IP社群电商构建与变现》文艺IT虎/著（机械工业出版社 2019年2月）

《新媒体引流：移动社交微电商实战秘籍》高光泽/著（电子工业出版社 2017年8月）

《社群运营五十讲：移动互联网时代社群变现的方法、技巧与实践》陈菜根/著（北京时代华文书局 2018年4月）

《创品牌：移动互联网时代的品牌转型、打造与传播》蒋晓东、宋永军/著（机械工业出版社 2016年10月）

《私域流量池》刘翌/著（机械工业出版社 2019年12月）

《社交电商：裂变式增长》贺关武/著（电子工业出版社 2019年10月）

/// 参考课程

《郑路的社会网络课》主讲人：郑路（得到App）

《5分钟商学院》主讲人：刘润（得到App）

《有效提高与陌生人的社交能力》主讲人：戴愫（得到App）

《李翔知识内参》主讲人：李翔（得到App）

《超级个体》主讲人：古典（得到App）

《关系攻略》主讲人：熊太行（得到App）